Menguando para Crecer

Cómo yendo Intencionalmente Hacia Abajo
podemos tomar altura

Kenneth S. Albin

CÓMO YENDO INTENCIONALMENTE HACIA ABAJO PODEMOS TOMAR ALTURA

para CRECER

PREFACIO:
**DR. MARK
CHIRONNA**

MENGUANDO

KENNETH S. ALBIN

Elogios y Reconocimientos para Menguando para Crecer

La humildad es una cosa extraña. Tan pronto como usted piensa y comienza a hablar acerca de su humildad deja de ser humilde. La humildad es una manifestación externa de la postura de su corazón. El mayor ejemplo de humildad en la Biblia lo encontramos en Jesús cuando se humilló a sí mismo al dejar el cielo, venir a la tierra y morir por nuestros pecados. (Filipenses 2:8). Nosotros hemos sido beneficiados de su humildad. La humildad es interna, es una manera intencional de vivir. Mi amigo el Pastor Ken Albín en su libro "Menguando para Crecer", captura los principios, procesos y resultados de la humildad. Lea este libro no sólo para obtener información, sino para además, obtener transformación.

Dr. Samuel R. Chand,
Autor de rompiendo su Código cultural de la Iglesia
(Cracking Your Church's Culture Code)

El pastor Ken Albín ha escrito un muy poderoso libro que hace tiempo debió haber hecho. "Menguando para Crecer", movió mi corazón a una profunda convicción y consuelo en lo que Dios está haciendo. La humildad es la clave para el Reino. Es lo que abre la puerta a lo sobrenatural. Ken muestra el corazón de Dios paseando al lector a través de este fruto perdido del Espíritu!

Sinceramente, creo que este libro es una plomada entre lo victorioso y milagroso! Cuando usted lo obtenga esté preparado para ponerse de rodillas! Dios usará este libro para restaurar el corazón del pastor, y la muy necesitada voz de la iglesia! Me siento profundamente honrado al decir," Obtenga este libro y consuma cada palabra de él!"

-Patrick Schatzline, Evangelista,
 Autor de ¿Por qué está Dios tan enojado conmigo?
 (Why Is God so mad at Me?)

La humildad... es uno de los más poderosos rasgos del carácter que una persona puede poseer. Y, aunque pueda ser difícil de definir, sin duda es evidente donde quiera que esté presente. En "Menguando para Crecer", no sólo ha traído Ken una perspectiva fresca, sentido práctico y la comprensión de cómo vivir la firme y gratificante vida de la humildad, sino que también un modelo para su vida cotidiana.

-Pastor de Lideres Scott Thomas,
 Capilla Vida Libre, (Free Life Chapel) Lakeland, Florida

Ken Albin tiene una perspectiva interesante en la tensión interpretativa descrita en Santiago 4:6, que presenta la idea que Dios resiste a los soberbios, pero da gracia a los humildes. Él usa este texto para hacer una introducción profunda dentro de la exploración de lo que él llama el "Menguando para Crecer". Alimentado de su experiencia pastoral, Ken analiza la idea de la humildad como la piedra angular para lograr el éxito en la vida y la eficacia en la vida bíblica. Sus ideas son atractivas para la mente, el corazón y el alma de cualquier líder.

-Dr. Marc Rivera

"Como mi amigo y autor del libro "Humildad para el presidente", Jeremie Kubicek dice: "La humildad es una antigua, callada y no barnizada virtud que tiene el potencial de transformar no sólo nuestra política, sino también nuestra vida cotidiana y el liderazgo". YO no podía estar más de acuerdo con Jeremie así que estoy encantado de ver a Ken Albin exponer sobre el poco conocido y sobrenatural poder de la humildad en su último libro "Menguando para Crecer" es una lectura obligada para cualquier persona que verdaderamente desee emular uno de los atributos más poderoso del liderazgo de Jesús.
-Kevin Weaver,
Autor de Reorientándose verá un levantamiento
(Re-Orient You'll See An Uprising)

Algo para resaltar en nuestro querido y estimado Ken Albin es la perseverancia para obedecer a Dios y permanecer a sus pies! Hemos observado a Ken pasar por el fuego de la presencia de Dios y salir purificado y tratado. Muchos habrían renunciado, pero hemos visto como él ha ido de manera más profunda en el espíritu de la humildad, obteniendo una gloriosa victoria.
Creo que ken ha oído la voz de Dios y ha fluido a través de su Espíritu para escribir estas palabras y traer sanidad, curación y de nuevo llevar a la iglesia al espíritu profético de los últimos días! Gracias por obedecer a la voz de Dios y escribir este libro tan oportuno, "Menguando para Crecer". Gracias por escribir estas palabras que traen vida, cambio, esperanza y sanidad una vez más. Gracias por mantenerse siempre humilde para que El sea exaltado. Usted ha dado en el punto, en el Espíritu de Dios, una vez más!
-Harry Y Cheryl Salem,
    Autor y conferencista más vendido nacionalmente

Este libro está lleno de sabiduría y tiene información valiosa aplicable sobre la humildad. No espere que sea un promedio sobre

el punto de vista de la humildad, sino más bien, una revelación de las diferentes facetas de lo que significa ser humilde. Recomiendo este libro para todo cristiano que quiere fortalecer su caminar en el Señor.
-Mikel Francés, evangelista, Autor

En su libro, "Menguando para Crecer", el Pastor Ken Albin dibuja una imagen increíble de lo que debe ser un verdadero siervo. En "mi, mi, mi sociedad" existen aun algunas personas escogidas quienes han aprendido y experimentado el "Menguando para Crecer". Ellos han aprendido como Jesús enseñó: "El que quiera ser el mayor entre vosotros, que sea el servidor de todos".
En este libro usted aprenderá estrategias, experiencias de la vida real de alguien que ha recorrido esta senda y ha salido al otro lado. El Pastor Ken es un verdadero siervo ungido del Dios altísimo y sirve a su pueblo y a su Reino. Lea y aprenda cómo experimentar el "Menguando para Crecer"
-Pastor Judy Jacobs,
Líder adorador /salmista /autor

La clave para experimentar el poder personal y la presencia permanente de Dios, se encuentra en la humildad. Sin embargo, la verdad de esa declaración rara vez se encuentra en la potente revelación de la vida. Ken Albin nos ha dado un plan para una vida de gran alcance dentro de las páginas de este libro, "Menguando para Crecer". El nuevo creyente encontrará el coraje en su jornada. El creyente experto será renovado en de su compromiso con Cristo. Este impactante y renovador libro puede ser estudiado de forma individual o en grupo. Hoy se necesita desesperadamente el poder de esta verdad en el cuerpo de Cristo. Inteligentemente y bien escrito, este libro nos recuerda que hacer las cosas a la manera de Dios, produce resultados celestiales.
-Dr. Shirley Arnold,

Autor, y Pastor, Apóstol Revival People Network

Diseño de portada por Rodrigo Adolfo.
Diseño interior por Jimmy Sevilleno

Publicado en los Estados Unidos de América

ISBN: 9781949188271
Autoayuda/ Crecimiento Personal/ Generalidades
        14.07.04

Dedicar

Me gustaría dedicar este libro a mi compañera y al amor de mi vida, Lisa, con la cual he compartido treinta y un años de mi vida. Cuando nos conocimos y nos enamoramos como adolescentes en el grupo de jóvenes de la iglesia de su abuelo, yo nunca me hubiera imaginado lo que sería la vida con alguien tan especial. Su fe en Dios es contagiosa, una fe que me ha mantenido conectado a nuestro Dios en el centro de nuestra vida. Amo su audacia y personalidad excitante y positiva al enfrentar los diferentes desafíos de la vida. Estoy muy impresionado por la forma en que me has entregado tu corazón, tan precioso y tierno. Sólo deseo lo mejor para ti y por supuesto para nuestra maravillosa hija, Brittney. Cuando este libro y su mensaje fueron vertidos a través de mí, tú fuiste la que no sólo creyó en él, sino que tu vida es la sinopsis del mensaje de este libro. Creo con todo mi corazón que Dios te restituirá el doble de lo que te ha sido quitado o robado y una sobre abundante gracia será atraída a ti por tu espíritu humilde. No hay nadie más en este mundo que ame o admire más que a ti. Si Yo digo que eres el "viento debajo de mis alas," esto sería subestimarte porque no solo eres mi viento, sino mis alas! Con todo mi amor y aprecio, te dedico este libro a ti.

Contenido

Prefacio

LA REVOLUCIÓN ANTI CULTURAL de la década de 1960 ha tenido un profundo efecto en el siglo XXI, y de muchas formas las personas no son conscientes de esto. La revolución radical que empezó como un movimiento anti establecimiento, entre una nueva generación de adolescentes y veinteañeros, conduciendo a lo que se conoció en ese entonces como la brecha generacional. Muchas cosas significativas han surgido en la cultura que nos han ayudado para bien. Derechos humanos, asuntos de ecología y medio ambiente, justicia social y equidad, nuevo vigor en materia de derechos para la mujer, y muchos otros cambios necesarios comenzaron a tener lugar.

Todavía tenemos un largo camino por recorrer; Sin embargo, hubo cosas que en la historia nunca debieron haber sucedido, aparte de los jóvenes revolucionarios radicales que dieron lugar a toda una conciencia totalmente nueva en todo el país y en el mundo occidental. Al mismo tiempo, el consumismo comenzó a incrementarse y a expandirse, y parece como si todo el mundo quisiese su participación en el pedazo del pastel conocido como el sueño americano. Tan maravilloso como parece, hubo un inesperado fruto nacido de la floreciente cultura impulsada por los consumidores.

Esto lo que describió Tom Wolfe con respecto a muchos de los baby boomers que nacieron entre 1946 y 1964; él los nombró como mi generación, a causa de la tendencia hacia un alto grado de egocentrismo "en que me beneficia esto a mí", en sus creencias y valores. Se ha dicho que lo que se le permite hacer a una generación moderadamente la próxima lo hará en exceso.

Hoy en día notamos, en esta generación, una tendencia a un narcisismo descarado y aún no aceptado. Decir que esto sólo se experimenta en la cultura secular es vivir con los ojos vendados o por lo menos con un solo ojo abierto. De hecho, Podríamos decir, que la negación de la inclinación narcisista en la cultura actual está en el punto ciego de la época en que vivimos. Con la creencia extrema "en que me beneficia esto a mí", el ego se entroniza y el universo gira en torno al ego. Con ese manejo del ego, y las necesidades centradas en el enfoque en la vida, el derecho abunda en casi todos los ámbitos de la experiencia humana, perdiendo las personas la capacidad de permanecer con los pies en la tierra. Estar con los pies en la tierra significa estar cerca de la tierra. Nosotros somos definidos como "seres humanos". La etimología de la palabra "humano" viene de la palabra "humus" la cual está ligada a la tierra. De hecho, es estar cerca del lodo del cual todos procedemos. La mentalidad "en que me beneficia esto a mí" ha invadido la iglesia del siglo XXI, perdiendo así nuestra capacidad de ser arraigados y cimentados en Cristo. La palabra hebrea para expresar que somos hechos de "humus" o de "la tierra" es el nombre del padre de la raza humana, "Adán" o "adamah", que significa "tierra". La palabra" humildad" y la palabra "humilde" vienen de la misma raíz. Ser humilde es estar en una postura en la vida que nos mantiene conectados a la tierra, porque estamos ligados al lodo de dónde venimos.

No puede existir un ego inflado o egocéntrico, cuando valoramos la humildad. Es la única cosa que Dios busca en nosotros, que si nosotros fallamos en hacerlo, es decir en humillarnos, su mano no puede exaltarnos. De hecho, la mano que exalta a los humildes levantándolos, es la misma mano que se opone a los orgullosos presionándolos hacia abajo, más cerca de la tierra, de modo que puedan recordar de donde vienen. El Pastor Ken Albín en "Menguando para Crecer", ha levantado una voz profética y su pasión por una generación que comienza a recuperar la gracia y el poder de la humildad.

Tómese el tiempo para alimentarse de sus ideas y sus instrucciones, y deje que el Espíritu use a las ideas de Ken Albín para mantenerle humilde y conectado a tierra, y así en su debido tiempo, Dios le exaltará.

-Obispo Mark J. Chironna, MA, PhD
Ministerios Mark Chironna
Iglesia Al borde de la vida (On the Living Edge)

Introducción

Este libro trata de una antigua verdad que, en su mayor parte, el hombre se ha cegado a ella. El secreto se encuentra, tanto en el Antiguo como en el Nuevo Testamento y tiene que ver con las mayores bendiciones en la vida, que pueden ser atraídas o rechazadas por nosotros. Las bendiciones de Dios están disponibles para todos aquellos que saben cómo atraer el poder de la gracia sobre ellos. Por desgracia, como Dios no hace acepción de personas, van a ser rechazadas o repelidas por aquellos que no quieren tomarlas. Sabemos acerca de las leyes naturales como la gravedad, o la ley de la sustentación, pero no sabemos mucho acerca de las leyes del Espíritu. Estas también funcionan independientemente, así las creemos o no, o si las entendemos no, al igual que las leyes terrenales.

Me gusta llamar a las leyes del espíritu, la tecnología del alma. Esta tecnología es algo que tenemos que abrazar porque nos ayudará a hacer y a vivir mucho mejor. Ya que tenemos una sola vida, debemos mantenernos siempre en un modo de aprendizaje y crecimiento. Como un estudiante de por vida, continúe alimentando su espíritu y su alma. Después de la educación formal, usted deberá seguir aprendiendo y creciendo de la gente que conoce, de los libros que lee, y de los profesores que acoge en su vida. La verdad oculta y la premisa de este libro es que "Dios resiste a los soberbios, pero da gracia a los humildes" (Santiago 4:6).

Si no desea que Dios pelee contra usted y que su gracia sea repelida de su vida, entonces asegúrese de que no haya ni una gota, ni siquiera algo de olor de orgullo en su vida, porque va a mantener a Dios y a su gracia alejados de usted. Para el que se humilla a si mismo, la gracia que brinda cada bendición será atraída a usted y la encontrará a donde quiera que vaya.

Déjenme que les cuente una historia real, que mejorará y les dará una idea de cuán desesperadamente necesitamos esta tecnología del alma en nuestras vidas. Una noche tuve el privilegio de estar en la tutoría de un pequeño grupo de hombres en mi iglesia, donde los jóvenes y los no tan jóvenes, se reúnen para aprender de la Palabra de Dios y de los demás, cómo disipar las mentiras que los hombres creen.

Cada hombre compartía sus pensamientos sobre sus padres o la falta de ellos. Un joven en particular, compartió cómo su padre nunca había participado en su vida de ninguna manera. Sus padres no vivían juntos y no tenían suficiente tiempo para él. El joven compartió su experiencia de cómo a los doce años fue a visitar a su padre por primera vez. Cuando llegó, le preguntó a su padre: "Por qué has estado ausente para mí todos estos años?" Inmediatamente su padre lo empujó por el pecho y le dijo: "Deja de ser tan sensible! Cuando el niño siguió presionándolo, el padre le dio una cachetada y le dijo: "Deja de preguntarme sobre el pasado, me está viendo ahora, debería estar feliz!" El niño y su padre tuvieron una fuerte discusión, y el pequeño, confundido y frustrado, regresó en un avión a su casa.

Mientras el joven contaba su historia, su corazón se rompía y con una gran desesperación decía: "¿Cómo puede alguien realmente amarme cuando mi propio padre me rechazó?" Al escribir esto, mi corazón se quebranta por este joven cuyo padre que no se humilló a sí mismo por su hijo, quien le necesitaba tan críticamente en ese momento.

Ahora, sé que esta historia podría no ser la única, pero demuestra que, hoy en día, sin el poder oculto de la humildad, seguirán sucediendo historias como ésta. Porqué muchos matrimonios terminan en divorcio cuando ninguno de los conjugues se humilla por el bien del matrimonio y de su futuro? Ellos prefieren mantenerse en su orgullo y cosechar las recompensas del rechazo, la desilusión, y la decepción. Yo creo que la mayoría de las relaciones y conflictos familiares pueden ser sanados cuando por lo menos uno, se hace inferior, bajando la cabeza, humillándose a sí mismo, para ver el lado positivo del menguar para crecer. Ya ve, cuando usted se humilla a si mismo esto no significa que usted sea más débil.

Cuando usted se humilla a sí mismo, esto no significa que esté andando en malos pasos, o que la forma en que está siendo tratado sea justa o equitativa. Esta es la lucha que la mayoría de las personas tiene con la idea misma de la humildad. Ellos creen que si se humillan, entonces están renunciando a su derecho, cuando en realidad es la forma como liberan una mayor fuerza de la que pueden imaginar.

Cuando hablo de "Menguando para Crecer" me refiero a subir más alto a través de la tecnología del alma, que yo llamo el principio de la humildad. Yo deseo que usted vea y experimente el poder real, disponible para todas las áreas de su vida. ¿Está usted luchando con problemas financieros o por alcanzar un mayor status?

¿Y qué acerca de cómo lidiar con un compañero de trabajo, empleado, o alguien con mayor cargo que el suyo en su empresa? ¿Le gustaría aprovechar un secreto, un poder oculto que podría ayudarle a navegar través de las pendientes resbaladizas y de los potenciales caminos eficaces que son comunes a nosotros los simples humanos?

Yo creo que todas las películas que son populares representan a un superhéroe que tiene súper poderes, que utiliza siempre que los necesita. Algunas veces Me gustaría poder utilizar súper poderes para cambiar el mundo. Qué hay de ti? Si yo pudiera, me gustaría arreglar cada matrimonio. Yo podría hacer esto en un abrir y cerrar de ojos. El hambre en el mundo sería un recuerdo lejano. Cualquier faltante, se iría!

Si tuviera esos súper poderes, que diferente sería este mundo. Sé que probablemente usted haría lo mismo. Si pudiéramos, todos nosotros haríamos de este mundo un mejor lugar. Pero, qué si hubiese un poder disponible para todos nosotros como simples seres humanos, y no supiéramos acerca de el o que no se nos enseñó cómo usarlo? Es posible que haya tesoros escondidos esperando a ser descubiertos o, como yo digo, sin descubrir para nuestro beneficio y disfrute?

Piense cómo la capacidad de utilizar los principios y sustancias que se encuentran debajo de la tierra, ahora están siendo utilizados por la tecnología, como el teléfono inteligente y otros dispositivos que nos ayudan a conectarnos unos a otros y haciendo nuestra vida mejor. ¿No han existido estos elementos en la tierra antes de que usted y yo naciéramos? ¿Han existido estas sustancias y principios nuevos o sólo hasta ahora han sido descubiertos, y se presentan en nuevas formas?

El libro de Daniel, dice: "la ciencia aumentará" (Daniel 12:4) La palabra ciencia en hebreo es rabah, significa multiplicación y en gran medida cada vez mayor.

Hemos visto el conocimiento exponencial del hombre aumentar y multiplicarse tan rápidamente, que es casi imposible mantenerse al día con todo lo que está sucediendo.

Hoy en día, notamos un incremento en el conocimiento de la medicina, la agricultura y la ciencia. ¡Pero, un momento!

Podríamos encontrar también cierto conocimiento por desarrollar, cuando nos preguntamos acerca de ¿Cómo los seres humanos pueden aprovechar un poder oculto que aún no conocen? Pienso que si lo podrán aprovechar y lo harán, y esta es la razón por la cual estoy escribiendo este libro "Menguando para Crecer". Yo creo que en las páginas de la biblia está oculto un principio que apenas está siendo aprovechado.

Ahora, esta verdad del ser humilde es la llave para abrir las puertas del destino, la sanidad para el enfermo y los milagros para quienes más los necesitan. Este poder oculto del ser "humilde" lo van a encontrar aquellos que estén dispuestos a buscar dentro de un baúl de tesoros, sin dejarse atraer por su belleza y poder, y en su lugar, recibir el valor real del tesoro, cuando sea usado, no solo para su propio beneficio.

Creo que lo que va a leer y ver en este libro, no sólo va a cambiar radicalmente su vida, sino que también va a ayudar a transformar el mundo en la medida en que lo aprende y lo transmite a otras personas. Deseo que no sea egoísta, sino que comparta este mensaje con la mayor cantidad de personas que mas pueda. Esta es una tecnología para el alma que puede beneficiar a todos los que viven sus vidas con base en esta ventaja.

Ahora, ¿le interesaría saber que este poder ilimitado está disponible para los humildes? Espero que haya logrado captar su atención. ¿Y qué si todo lo quisiera tener en la vida podría ser suyo si supiera cómo recibirlo? ¿Notó que no dije ¿tomarlo? Le dije que estaba disponible para quienes quieran recibirlo. Hoy en día, a muchas personas se les ha enseñado a conquistar lo que no podrán obtener. Se les dicho "adelante! Usted Puede lograrlo! Haga todo lo que este a su mano y lo podrá obtener!"

Por más de treinta años, he sido un creyente en Cristo y durante todos estos años he visto a personas buenas de la iglesia comprar la mentira de la auto-exaltación y la auto-gratificación, asegurándose ellos mismos de estar siempre satisfechos, recibiendo en lugar de dar. He sido testigo de muchos líderes que se levantan a sí mismos, en lugar de dejar que Dios lo haga en su tiempo. Le aseguro que no estoy atacando a la iglesia. Me encanta la iglesia y he entregado mi vida por las ovejas como pastor. ¿Se da cuenta que un cristiano nunca tiene que levantarse a sí mismo para llegar a la cima? De hecho, creo que el momento en el que usted empiece a hacer las cosas por su propio conocimiento, jactancia, arrogancia y por supuesto, atacando a los demás a su alrededor, usted efectivamente se encuentra yendo hacia abajo.

Yo no creo que sea malo querer ir más alto, ser reconocido, valorado y apreciado. Este es el "Cómo" que voy a tratar en este libro y el por qué es tan importante que usted y yo aprendamos la majestuosa belleza y el poder de vivir humildemente en un mundo que está lleno de orgullo.

Creo con todo mi corazón que el ser humilde es la clave y el fundamento para recibir todo lo que ha deseado alguna vez en la vida y aun mucho más! "Menguando para Crecer" viene para aquellos que quieren aprender a vivir en la tecnología del alma, la humildad. "Menguando para Crecer" se activa cuando usted intencionalmente se hace inferior para que Dios pueda llevarle a un nivel más alto.

Jesús dijo en Juan 10:10 que El "vino a darnos una vida abundante", satisfactoria y rebosante. Si Jesús vino a darnos esa vida abundante, rebosante aquí en la tierra, está mal ¿desearla? Realmente, muchas escrituras en la Biblia nos prometen una vida plena. El Salmo 37 nos promete que vamos a vivir plena y saludablemente, si nosotros mismos nos deleitamos en el Señor, e incluso los deseos de nuestro corazón nos serán concedidos.

La vida que Dios vino a darnos, está disponible para cada persona que entiende una de las verdades ocultas de la Biblia. Esta verdad es la llave que abrirá el maravilloso y poderoso plan de Dios para su vida y para aquellas personas cercanas a usted. Conocer y aplicar esta clave no sólo cambiará su vida, sino la de los que le rodean.

Es mi deseo y oración que cuando usted lea este libro, su vida sea radicalmente cambiada para bien. Oro también, para sean abiertos sus ojos a una forma de vida que atraiga el favor y la bendición de Dios sobre usted como nunca antes.

Sé que algunos de ustedes que están leyendo este libro, ya son muy bendecidos, pero aún hay más para usted. Estoy seguro que usted desea mucho más de lo que estoy hablando. Las Escrituras nos enseñan que todo lo que Dios hace trae mejoría.

Uno de mis versículos favoritos en la Biblia es,

"Que el SEÑOR los bendiga ricamente, tanto a ustedes como a sus hijos."

(Salmos 115:14, NTV)

También me gustan estos pasajes:

"Así que, todos nosotros, a quienes nos ha sido quitado el velo, podemos ver y reflejar la gloria del Señor. El Señor, quien es el Espíritu, nos hace más y más parecidos a él a medida que somos transformados a su gloriosa imagen.".

2 Corintios 3:18 (NTV)

Ambas escrituras muestran que todo lo que Dios hace siempre se está moviendo hacia adelante y va en aumento. Dios nunca está estancado o pasivo. El es un Dios proactivo,

"y crea cosas nuevas de la nada."

Romanos 4:17 (NTV)

¿Qué diría si le dijera que yo pienso, que la mayoría de las cosas que hemos oído hablar acerca de la humildad están equivocadas? Lo que hemos recibido acerca del ser "humildes" es tan malo, que estoy tentado a no poner mi foto en la portada del libro, porque si lo hago, muchos dirán, "¿Cómo puede él escribir un libro sobre la humildad y poner su foto en la portada?"

Sabe que tengo la razón. Piensa que no es así? Incluso podría estar leyendo este libro para entender cómo una persona humilde podría poner su foto en la portada de un libro que se trata de ir más abajo y ser humilde. Yo creo que mayoría de las personas realmente no saben qué es ser humildes, y tendemos a hacer suposiciones erróneas, basados en lo que hemos oído hablar acerca de la humildad.

Probablemente esté equivocado lo que usted y yo hemos escuchado a otros hablar acerca de la humildad y el ser humildes. Crecí pensando siempre que ser humilde era ser débil. Pensaba que la gente humilde siempre viviría una vida de pobreza y escasez. En mi mente ellos eran humildes si eran pobres y daban todo lo que tenían a otros y no pensaban en sí mismos. Mal! Mal! Mal! ¿Lo ha entendido?

Yo no podía haber estado más equivocado. La humildad no significa ser débil o no pensar en sí mismo. No se trata de la pobreza, renunciar al prestigio o las posesiones personales. Usted solo puede ver el "Menguando para Crecer", cuando va más bajo y se humilla, Dios le llevará más alto de lo que nunca podría haber imaginado.

En este libro, usted descubrirá lo que es ir más bajo y el verdadero significado de la humildad. En la Biblia se habla muchas veces de la humildad, y le puedo asegurar que es cualquier cosa menos ser débil y pobre. Es mi deseo que usted obtenga este poder secreto de la humildad. Quiero, además que aprenda acerca de, qué es y cómo es esto, de lo que yo llamo la tecnología del alma, y que no solo lo logre beneficiar a usted, sino a todos los que los que le rodean.

Estoy muy emocionado al compartir lo que he recibido del Señor sobre esta verdad poderosa y oculta; No quiero exagerar, así que lo quiero invitar ahora, para que lea este libro por sí mismo.

Oro para que usted, al dar vueltas a las páginas de este libro, Dios le dé Espíritu de revelación e iluminación en su Palabra. Oro para que el Espíritu Santo le enseñe todo lo que necesita saber y aplicar acerca del cómo vivir la expereriencia de "Menguando para Crecer" y pueda experimentar una tecnología para su alma que cambie radicalmente sus relaciones, su familia, sus finanzas y su porvenir. Prepárese, su futuro será afectado al aprender como yendo hacia abajo intencionalmente, podrá ir más arriba de lo que nunca soñó, imaginó o creyó posible.

Yo creo que usted ya está listo? Así que vamos a empezar.

CAPÍTULO UNO:

El Principio de la Humildad

Recuerdo que al crecer como un buen niño judío mi mamá siempre le decía a todo el mundo que su hijo, Kenny, era perfecto. Ella era tan audaz, y puedo decir sinceramente, que siempre me sentía muy avergonzado cuando ella decía: "Mi hijo Kenny es perfecto." Ahora si usted no sabe nada acerca de una madre judía, no podrá entender lo importante que es para ellos el afirmar a sus hijos. Lo hacen por lo general para jactarse y presumir de lo guapos e inteligentes que son sus hijos, especialmente si es su primogénito. Si usted fuera un niño judío que está leyendo este libro ahora mismo, sabría exactamente de lo que estoy hablando, y si no lo es, estará pensando, "Wow, ese chico judío debe de haber sido un orgulloso y creció muy arrogante. Su madre seguro hizo un arrogante de él. "A decir verdad, yo bromeo y digo lo mismo todo el tiempo, "Mi mamá Seguro que hizo de mi un arrogante".

Bueno, en realidad, en mi caso ocurrió todo lo contrario. Yo no crecí pensando que era el mejor, más inteligente y más confidente, a pesar de que mi madre me dijo que sin duda yo, Kenny Albin, era "perfecto". (Ahora, mamá, si estás leyendo esto ahora mismo, por favor, cierra los ojos.)

Bien sigamos adelante. El hecho es que no solo porque un día se nos dijo que éramos excelentes no quiere decir que vamos a crecer orgullosos y arrogantes. Jesús fue grandemente afirmado por el

Padre cuando él humildemente se sometió a sí mismo a la autoridad de Juan al ser bautizado por él. Leamos juntos la historia:

Cierto día, Jesús llegó de Nazaret de Galilea, y Juan lo bautizó en el río Jordán. 10 Cuando Jesús salió del agua, vio que el cielo se abría y el Espíritu Santo descendía sobre él como una paloma. 11 Y una voz dijo desde el cielo: "Tú eres mi Hijo muy amado y me das gran gozo".

Marcos 1: 9-11 (NTV)

Jesús tuvo un buen padre judío que también se gloriaba de su hijo primogénito. El Padre celestial no dudó en decir buenas cosas acerca de su Hijo. Él se alardeaba y gloriaba de cómo Jesús era tan amado y cómo le traía gran gozo. Ahora pensemos en esto, no hay realmente nada de malo con lo que mi madre me hizo especialmente a la luz de cómo el Padre afirmó su amado hijo Jesús. De hecho, creo que todos los niños, y sí, todos los hijos de Dios tienen que ser afirmados.

Ellos necesitan sentir el amor de sus padres. Necesitan saber que son especiales y un tipo de obra maestra. Ellos necesitan ser alentados a volar como las águilas y nunca ser degradados, ni negarles su herencia como un hijo o una hija amada.

Desafortunadamente, la mayoría de nosotros no hemos crecido espiritual o físicamente con este tipo de padre o madre. La mayoría de las personas, incluso en la iglesia, viven como si fueran huérfanos y están tratando de ganarse el respeto y el amor que ya les ha sido dado.

Es la misma clase de mentira de Génesis 3:4, con el primer hombre y la primera mujer, Adán y Eva, a quienes Satanás les dice: "La razón por la que Dios no quiere que coman del árbol del conocimiento del bien y del mal es porque si comen de él seréis como Dios".

El engaño fue que Adán y Eva fueron creados a imagen y semejanza de Dios, y Satanás estaba tan envidioso que los convenció que necesitaban algo más de lo que ya tenían o ya eran.

Esta es la misma táctica que se utiliza hoy en día para convencer a los hijos e hijas de Dios de tener que hacer algo más; que se esfuercen en su propia capacidad y habilidad, anulando así el don gratuito y las buenas nuevas del evangelio. Ya todo fue hecho, pagado en su totalidad, y todo lo que tiene es el don gratuito de la gracia de Dios.

Bueno, ya está bien por ahora, más adelante hablaremos sobre este tema, pero por el momento, yo deseo que usted obtenga este poderoso principio de la humildad. Cuanto más conozca de su amor y su valor como un hijo o una hija, más puede descansar en lo que Dios ya ha puesto dentro de usted.

Pues como puede ver, incluso aunque mi madre me dijo que yo era perfecto, yo no crecí arrogante o engreído al escuchar todo lo que mi mamá decía acerca de mí. De la misma manera, cuanto más escuchamos lo que nuestro Padre celestial ha hecho por nosotros y nos ha dado a través de Cristo, no nos hará arrogantes o engreídos. Más bien, realmente va producir el efecto contrario y nos humillará.

Como ve, la razón de todo esto es que, cuando Aquel que le creó le dice todo lo bueno que hay en su interior, esto sólo puede apuntar en una sola dirección; lo que tiene dentro de usted, simplemente lo ha recibido o le ha sido dado.

Usted no ha tenido que trabajar para conseguirlo, ganarlo, o incluso merecerlo. No lo obtiene por lo que es, sino porque usted le pertenece a El.

Es un regalo dado por herencia. Más adelante en el libro, vamos a entrar en detalles acerca de la herencia, que sólo la gracia puede dar, pero por ahora basta solo con comprender, que todo lo que tiene como un hijo de Dios, le ha sido dado debido a su relación con Dios a través de Jesús.

Jesús, como el Hijo primogénito, tiene derechos y privilegios asegurados para todos nosotros, los cuales el libremente nos los da. Estos son regalos de amor que recibimos a través de las escrituras:

> ¿Qué, pues, diremos a estas cosas? Si Dios es por nosotros, ¿quién podrá estar contra nosotros? El que no escatimó ni a su propio Hijo, sino que lo entregó por todos nosotros, ¿cómo nos no dará también con El todas las cosas?
>
> Romanos 8: 31-32 (NKJV)

Notó usted la última parte "¿Como no nos dará también con El todas las cosas?" Esta es una pregunta retórica y casi ridícula. Si el Padre nos ha dado su más precioso, preciado y perfecto Hijo, entonces nos quitará algo, a los que él llama sus amados hijos?

La Palabra de Dios es una carta de amor del Padre para usted, que nos persigue apasionadamente y siempre da de su gracia a los que reciben de su abundancia. El corazón del Padre celestial siempre sobreabunda hacia sus hijos amados.

Ahora, yo se que muchas personas del pueblo de Dios que están pasando por situaciones difíciles, están recibiendo lo mejor de su amor. Esa es una de las razones por las cuales yo estoy escribiendo este libro.

En Estados Unidos, estamos viendo el resultado de la falta de padres amorosos, especialmente la falta de verdaderos padres de donde se supone viene la identidad.

Debido a que muchos han crecido huérfanos o en hogares disfuncionales y no bíblicos, con aquellos que fueron llamados a nutrir y amarles, vemos a muchos dudar del amor que Dios tiene para ellos.

Esto también, muchas veces, se traduce en un niño buscando o tratando de ganar afirmación en numerosas relaciones, escenarios o situaciones, sobre todo llevándoles a no ser saludables o bíblicos, en sus fundamentos y aplicaciones para vivir libres realmente.

El fundamento del principio de la humildad tiene sus raíces en la fuerza y en el infalible amor del Padre para usted. Es en y a través de este amor que el principio de la humildad prospera y trabaja de una manera poderosa para aquellos que quieran aprendan de su poder oculto.

Para los que se resisten a esto, se encontrarán pasando toda su vida tratando de conseguir algo que Dios quiere que tengan, más de lo que se pueden imaginar.

Estoy hablando del deseo interior que todos tenemos de verdadera grandeza, de sentirnos completos y lograr los propósitos para los que hemos nacido. Este principio de la humildad es una tecnología para el alma que yo deseo que usted abrase.

El principio de la humildad comienza con una simple confianza en su Creador, el Dios que ha abierto un camino para nosotros a través de Cristo, quien dijo:

No me toques, porque aún no he subido a mi Padre; pero ve a mis hermanos, y diles: "Yo estoy ascendiendo a mi Padre y a vuestro Padre, a mi Dios y vuestro Dios".

Juan 20:17

(NVI)

A través de Jesús, el Padre celestial será su Padre si puede humillarse y recibir libremente todo lo que El ya le ha proporcionado. Sé lo que está pensando ahora mismo, "Por favor, podría decirme Cuál es el principio de la humildad"?

El principio de la humildad es el siguiente:

El poder nunca está en mi propia capacidad, sino en la fuerza de Dios, que viene cuando yo menguo y me humillo voluntariamente, dando lugar a la gracia divina.

Ahora quiero que piense en esta declaración mientras observamos algunos versículos. El primero es clave y se encuentra en el libro de Santiago (y también en 1 Pedro 5):

> Dios resiste a los soberbios, y da gracia a los humildes.

Santiago 4:6B (NVI)

Ahora, a primera vista en realidad no lo percibimos, y voy a admitir que yo no lo noté, hasta hace muy poco tiempo, y por lo tanto, es por esto, que siento que tengo que escribir este libro. Ahora, me encanta la gracia de Dios, pero debo admitir que pensé que estaba empezando a obtenerla, hasta que vi esta verdad profunda y oculta.

¿Sabe usted que de acuerdo a las Escrituras hay una persona a quien la gracia no puede ayudar? No estoy hablando de Satanás en este momento. Sabemos que él nunca será salvo. Estoy hablando de las personas que tienen este atributo uno que la gracia de Dios definitivamente no puede pasar.

Espero captar su atención, porque el principio de la humildad viene con un poder oculto, que sólo pueden obtener los que son humildes. De hecho, entre más humilde se es, más tendrá este poder.

Por desgracia, lo contrario a esta humildad, el orgullo, es lo único que la gracia no puede romper. Le aseguro que no estoy enseñando herejías aquí, es Biblia simplemente. A veces las más poderosas verdades de la Palabra de Dios en ocasiones se pierden, se pasan por alto, o no son comprendidas completamente.

Esto es lo que yo creo que es cierto, acerca de lo que, tanto en el Antiguo como en el Nuevo Testamento, enseñan sobre el orgullo y la gracia. "Dios resiste a los soberbios, y da gracia a los humildes" (1Pedro 5:5, Santiago 4:6, Proverbios 3:34)

Otra forma de ver esta escritura es esta: "El orgullo repele la gracia, la humildad atrae la gracia". ¿Logra captar lo que la Palabra nos enseña aquí? Entre más orgullo exista, menos gracia tenemos; entre más humildad exista, más gracia tenemos!

Tengo que admitir que después de haber sido salvo por más de treinta años y de haber ido a la universidad bíblica, al seminario, y haber estudiado la Palabra de Dios, que nunca había notado que lo único que la gracia no podría romper, es el orgullo. Al momento de escribir esto, pienso en las tiras cómicas y en la película de Superman donde sólo había una cosa que su poder no podía romper. ¿Sabes lo que era, ¿no? Para aquellos de ustedes que no están seguros, era la kriptonita.

Era un tipo de roca que Superman no solo no podía penetrar, sino una roca que podría destruir sus poderes sobrenaturales, aparentemente intocables. ¿Usted sabe que hay sólo una cosa y sólo una clase de persona, que la gracia de Dios no puede ayudar? Es la persona que está llena de orgullo. El orgullo es la kriptonita a la gracia de Dios. Es absolutamente la única cosa que hará, conforme a las Escrituras, que la gracia de Dios no pueda ayudarle. Cuando una persona tiene orgullo, las escrituras e incluso el mundo dicen que esta "llena de orgullo." Piense en esta declaración: si usted está "lleno de orgullo", no tienen espacio en su vida para nada más. El orgullo dice que usted no necesita nada ni a nadie. Todo lo que tiene es porque usted lo ha adquirido o ganado por sí mismo.

De acuerdo a la Palabra, los soberbios deben disfrutar de la vida ahora porque no les va a durar, porque una vida construida sobre la arena, tarde que temprano, se habrá ido. Aquellos que construyen sus vidas en el orgullo, han construido sus casas con una base muy débil que con el tiempo se hundirá. Estas palabras que yo le hablo no son adicciones accidentales a su vida, o mejoras a su nivel de vida. Son palabras fundamentales para construir la vida. Si pone por obra estas palabras en su vida, usted será como el carpintero inteligente que edificó su casa sobre la roca; La lluvia cayó, el río se desbordó, el tornado la golpeó, pero la casa no se cayó. Estaba fija sobre la roca. "Pero si usted sólo usa mis palabras para hacer estudios bíblicos y no las pone en práctica en su vida, será como el carpintero insensato, que edificó su casa sobre la arena. Cuando la tormenta venga y las olas la golpeen, se derrumbará como un castillo de naipes "(Mateo 7: 24-27, Mensaje).

Jesús aconseja y da una oportunidad a aquellos que le escuchan. Pero muchos prefieren construir su casa a su manera.

Están llenos de sí mismos y no tienen espacio para el principio de la humildad, no tienen espacio para lo que sólo la gracia puede traer, en cambio repelen al Dios de la gracia, construyendo sus vidas sobre la arena. Esto me acuerda, viendo las noticias recientemente, como un gran agujero, se trago algunas casas que se construyeron sin saberlo, sobre él. Estoy seguro, que ninguno de aquellos propietarios jamás imaginó su casa hundiéndose en ese hueco, cuando se mudaron o construían sus casas. Sé que la ignorancia es atrevida, pero no cuando usted ve su casa hundirse en el olvido. Tal vez podamos aprender la lección que Jesús está tratando de enseñarnos. Todos tenemos que prestar atención a nuestros fundamentos. ¿Estamos haciendo espacio para la gracia o ya estamos llenos?

Si Dios no construye la casa, los que la construyen solo fabrican chozas.

Salmo 127:

1 (MENSAJE)

¿No sería mejor tener gracia en su vida que no tenerla?

Quiero darle algunas claves para el principio de la humildad, pero quiero que sea consciente, por primera vez, de algunas de las tácticas del enemigo de nuestra alma. Él las ha utilizado muchas veces y actualmente las sigue utilizando en muchos creyentes, familias e iglesias.

Después de todo, no queremos dar involuntariamente a Satanás una oportunidad, para que nos cause aún más daño-no estamos ajenos a sus caminos astutos!

2 Corintios 2:11

(MENSAJE)

De acuerdo a las Escrituras, no debemos ignorar lo que el enemigo está haciendo. Este libro está escrito para combatir muchas de las mentiras y engaños utilizados por Satanás para seducir al pueblo de Dios en algunas de las mismas formas que Israel fue seducido por Moab. Si usted lee la historia sobre Balac, rey de Moab, verá cómo trató de utilizar un seudoprofeta llamado Balaam para maldecir al pueblo de Dios.

Balac ofreció grandes sumas de dinero y bienes a Balaam para maldecir al pueblo de Dios, pero a Balaam le fue prohibido por Dios ir, e incluso ni siquiera contemplar la oferta del rey Balac. Después de un breve incidente con un burro que habla, Balaam va en desobediencia y se le pide maldecir el pacto de Dios con el pueblo de Israel. Cada vez que Balaam comenzaba su pronunciamiento, la mano de Dios venia sobre él y bendecía a Israel, haciendo exactamente todo lo contrario de lo que Balac le pedía que hiciera. Balac estaba tan enojado y frustrado con Balaam, porque en tres ocasiones Balaam hace lo contrario y bendice a Israel.

Esas naciones no te trataron con hospitalidad en su viaje cuando saliste de Egipto, y encima de que ellos también contrataron a

Balaam, hijo de Beor, de Petor en Mesopotamia para maldecirte. Dios, tu Dios, se negó a escuchar a Balaam, pero volvió la maldición en bendición, porque Dios, tu Dios, te ama!

Deuteronomio 23:4-6 (EL MENSAJE)

Cada vez que se suponía una maldición iba a ser pronunciada, una bendición venía en su lugar. ¿Por qué? A causa de un amor que venía de Dios, que no tenía nada que ver con el comportamiento, la obediencia, o una lista de cosas que hacer y no hacer.
Ahora bien, según las Escrituras los hijos de Israel eran los destinatarios de un amor divino. La elección de Israel y su padre Abraham fue un regalo de amor y gracia, e incluso en su desobediencia constante, ese amor nunca falló.

El Señor no puso su corazón en ti ni te eligió por ser más numerosos que otras naciones, pues eran la más pequeña de todas las naciones! Más bien, fue simplemente porque el Señor te amo, y estaba cumpliendo el juramento que había hecho a tus antepasados. Por eso el Señor te rescató de la esclavitud con mano fuerte y de la mano opresora de Faraón, rey de Egipto. Entiende, por lo tanto, que el Señor tu Dios es en verdad Dios. Él es el Dios fiel, que guarda su pacto para mil generaciones y prodiga su amor inagotable en los que le aman y obedecen sus mandamientos.

Deuteronomio

7:7-9 (NTV)

Me encanta leer sobre el amor de Dios para Israel. Muchos en la iglesia no reciben el amor de Dios. Piensan que deben hacer algo, lograr algo, o ganar el amor del Padre. La verdad se encuentra en uno de las más populares y leídas escrituras.

Pues Dios amó tan grandemente y apreció profundamente al mundo que Él [incluso] dio su unigénito (único) Hijo, para que el que cree en (confía, se apega, cuenta con) Él no se pierda, (viene a destrucción, estar perdido) sino que tengan vida eternal (eterna).

Juan 3:16 (AMPLIADO)

Lamentablemente, esta escritura popular es conocida sólo en palabras como una cita, pero no es una realidad en la vida cristiana para muchas personas del pueblo de Dios. Recuerdo cuando era un bebé recién nacido en Cristo, salvo a los quince años, empecé a asistir a la iglesia del abuelo de mi esposa. Todo el mundo lo llamaba papá Woody, un hombre que tenía un tremendo testimonio, pues tuvo que dejar el ministerio a la edad de cincuenta años por causa de graves problemas cardíacos y tenían antecedentes de estar siempre enfermo y sin dinero, a pesar de que él y su esposa amaban a Dios tremendamente.

En la década de 1980, Papá Woody tuvo un encuentro poderoso con la Palabra y la presencia de Dios, que lo dejó no sólo sanó, sino con una revelación que él no tuvo en todos los años de su ministerio anterior. Por primera vez papá Woody se daba cuenta del amor de Dios por él. Después de este encuentro, el Señor llevó a Papá Woody y a su esposa de nuevo al ministerio. ¿Puedes adivinar cuál era su mensaje? El Señor me dijo: "Dile a mi pueblo que yo los amo!" Papá Woody respondió: "Señor, ellos saben que los amas. Ellos tiene Juan 3:16. "El Señor insistió. Él dijo: "Mi pueblo no sabe que los amo, pues si lo supieran, no estarían viviendo como niños sin Padre".

Durante todos los servicios antes de dar su sermón, Papá Woody pedía a las personas poner su mano sobre su corazón y repetir tres veces: "Dios me ama!" A decir verdad, en todos los años que estuve sentado escuchando a ese hombre, nunca estuve en un servicio en que alguien no diera su vida a Jesús. Falleció Hace muchos años, pero su legado de amor sigue vivo en mi corazón. Si sólo supiéramos lo mucho que nuestro Papá Dios nos ama, nuestra vida sería muy diferente. Esta escritura en Efesios es tan poderosa cuando se trata de tener una revelación del amor del Padre por nosotros. Echemos una mirada:

Entonces Cristo hará su hogar en el corazón de ustedes que creen en él. Sus raíces crezcan hacia abajo en el amor de Dios y se mantengan fuertes. Y que tenga el poder de entender, como el pueblo de Dios debería, qué tan amplio, qué tan largo, qué tan alto, y cuan profundo es su amor. Que puedan experimentar el amor de Cristo, aunque es demasiado grande como para entenderlo plenamente. Entonces serán hechos completos con toda la plenitud de la vida y el poder que viene de Dios.

Efesios 3:17-19(NLT)

Ahora, desde hace años, Papá Woody había amado a Dios, sin embargo, él estaba, como solía decir, "Enfermo, quebrado, roto, y disgustado!" Esto no fue lo que hizo que no amara a Dios con todo su corazón, porque él lo amaba. No fue un problema de pecado lo que lo mantuvo enfermo y herido. Era un problema entre sus oídos. Papá Woody no sabía cuánto Papa Dios lo amaba. Ahora, más de treinta años después, no mucho ha cambiado. El problema entre nuestros oídos es qué es lo que creemos en nuestra mente acerca de Dios.

Proverbios 23:7 dice: "Como el hombre piensa así es él." Si somos lo que pensamos y creemos, entonces nosotros debemos obtener algunas creencias fundamentales alineadas y congruentes con las enseñanzas de la Biblia. Hasta que no hagamos esto, no vamos a ser capaces de comprender o caminar en el principio de la humildad, porque nunca vamos a vivir en un lugar de descanso recibiendo de Dios, sino más bien en un lugar de esfuerzo para alcanzar logros. Vivir humildemente es descansar y recibir e intencionalmente hacer espacio para la gracia.

Esta es también la verdad de "Menguando para Crecer", porque si nos humillamos, el resultado será subir más alto siendo exaltados por Dios. Sólo se puede vivir en esta humildad cuando se sabe lo mucho que somos amados.

Piense acerca de esto, a Daniel se le conoce como un hombre que es muy amado por Dios (Daniel 10:11), y vea lo increíble que fue su vida. Él fue el único de los del remanente que no pasó a través del juicio del horno de fuego.

¿Te has preguntado por qué estos jóvenes hebreos fueron arrestados, obligados, y, finalmente, echados en un horno caliente para morir, y sin embargo, Daniel, que es culpable del mismo delito de no doblegarse, ni siquiera es cuestionado?

Podría ser posible que Daniel, siendo el jefe de todos los sabios y ahora colocado en la corte del rey, podría manifestar el mismo destino como el de Sadrac, Mesac y Abed-nego? Tal vez el cuarto hombre en el fuego era en realidad un sustituto de Daniel, quien debería haber estado en el horno de fuego, a menos que él hubiera entendido lo mucho que Dios lo amaba.

Es sólo una idea, pero creo que cuanto más entendemos lo mucho que Dios nos ama, más entenderemos el poder de la cruz y cómo Jesús se ha convertido en nuestro sustituto y toma continuamente nuestro merecido castigo, mientras que gentilmente cambia lo que merecíamos y nos justifica a causa de su gran amor.

Este es el amor verdadero: No es nuestro amor a Dios; es El amor de Dios por nosotros. Él envió a su Hijo a morir en nuestro lugar para quitar nuestros pecados.

1Juan 4:10 (NCV)

Jesús, por su amor indefectible e inmerecido para con nosotros, tomó nuestro lugar en la cruz y sufrió como ninguno hasta el final, para que pudiéramos ser libres de la condenación y del juicio a causa de nuestros pecados.

Lea esto, por favor:

Dios lo envió a morir en nuestro lugar para quitar nuestros pecados. Recibimos el perdón a través de la fe en la sangre derramada en la muerte de Jesús. Esto mostró que Dios siempre hace lo que es correcto y justo, como en el pasado cuando fue paciente y no castigó al pueblo por sus pecados. Y Dios nos dio a Jesús para mostrar hoy que él hace lo que es correcto. Dios hizo esto para que él pudiera juzgar rectamente y así hacer justa a cualquier persona que tiene fe en Jesús.

Romanos 3:25-26 (NVI)

La versión King James dice así, de esta escritura "Él podría ser justo y justificador de uno que tiene fe en Jesús."¿Se da cuenta de que el amor de Dios por nosotros es tan grande que cuando se trata de la salvación y la bendición, la única cosa que tenemos que hacer es aprender a creer y recibir lo que ya Jesús ha hecho por nosotros?

Es posible que nosotros también pudiéramos ser como Daniel y ni siquiera tener que pasar a través de los hornos ardientes de la vida, cuando entendemos que Jesús ya ha tomado nuestro lugar y nos ama radicalmente más de lo que podríamos comprender? Por favor, no me mal entienda.

Creo que lo más difícil para una persona es alcanzar realmente el amor incondicional.

Este es el amor ágape que viene sólo de parte de Dios, y la Biblia dice en 1 Juan 4:8 que "Dios es amor" y esta es la base no sólo para la vida cristiana, sino para obtener el poder que es recibido a través del principio de la humildad.

Permítame tocar este punto un poco más profundamente, dando una idea de por qué la mayoría de las personas todavía están tratando de luchar y conseguir, más que descansar y recibir.

Si la mayoría de los cristianos realmente creyeran que Dios los ama, vivirían en la generosidad y la abundancia en lugar de la escasez y la carencia.

Si creyeran en ese amor, podrían dar de él libremente a los demás, en lugar de caminar condenando a los que más necesitan del amor de Cristo. ¿Alguna vez ha pensado o se ha preguntado por qué parece ser que hay tantos enemigos dentro de la iglesia?

Estoy convencido de que muchos de estas personas aman a Dios, pero que no saben del amor de Dios. Conforme a 1 Juan, si realmente han experimentado el amor de Dios, no se odiarían.

No quiero pasar una cantidad absorbente de tiempo hablando de los aborrecedores. Quiero verlos a ellos convertidos en verdaderos amadores.

¿Podría pensar en estos "aborrecedores" operando en el campo del principio de la humildad y recibiendo la gracia de Dios? Yo creo que no. Yo creo que ellos no sólo están hiriendo el cuerpo de Cristo, sino también a sí mismos.

YO tengo una definición del amor, y pienso que nos va a ayudar en este momento. "El amor es apasionadamente profundo y da lo que es bueno, amable, noble, y verdadero". Es imposible ser un aborrecedor y operar en el amor sobre abundante de Dios.

¿Se imagina lo que pasaría si pudiéramos ver todos los aborrecedores, quienes están llenos de sí mismos y sin tener espacio para la gracia y el amor, empezando a vivir humildemente? Vivir en humildad atrae a Dios y a su gracia, mientras que el orgullo y el odio repelen precisamente lo que todos necesitamos y que el mundo está buscando desesperadamente.

A causa de mucha gente buena en las iglesias y los que se llaman a si mismos cristianos, no se han movido y fluido en la humildad, el mundo ha visto la hipocresía y la falta de congruencia entre un evangelio del amor que decimos predicar, y la realidad del odio que constantemente se manifiesta en la falta de amor y humildad en la iglesia.

El mundo de hoy es muy inteligente y con la velocidad de un rayo casi nada de lo que decimos o hacemos está oculto siendo objeto de estudio por el público. Sabemos que, "Porque el anhelo ardiente de la creación es el aguardar la manifestación de los hijos de Dios

"(Romanos 8:19, KJV), esta escritura está aludiendo el hecho de que en este momento el mundo está deseando ver a verdaderos hijos y hijas de Dios que saben quiénes son.

Creo que estos son los humildes, los que no se esfuerzan en sí mismos por alcanzar lo que Dios tiene para ellos, sino que viven en descanso y lo obtienen. Estos son aquellos que vivirán y caminaran en la gracia abundante y la dádiva de la justicia de Cristo (Romanos 5:17). Quiero que usted sea esa persona que actúa y vive en el principio de la humildad. Yo deseo ser esa clase de persona!

Quiero ver a un nuevo tipo de cristiano, un creyente que como nunca antes, sea más como Jesús. Una persona que no sólo dice que ama a Dios, sino que sabe cómo recibir ese amor y ser así lleno de tal manera, que refleje el amor a donde quiera que vaya.

¿Qué pasaría si pudiéramos ver una nueva iglesia llena de humildad, descansando y recibiendo, no levantándose a si misma o empujando una doctrina, sino con una genuina humildad ante Dios y los hombres, nunca levantándose a sí misma o forzando su agenda o su plan?

Quiero que sepa que usted es amado por Dios de la misma manera que Daniel y Jesús lo sabían. Me encanta la escritura en el Apocalipsis, donde dice:

  Al que nos amó, y nos lavó de nuestros pecados con su propia sangre.

Apocalipsis 1:5(KJV)

No me canso de oír hablar de cómo mi Padre Celestial me ama. De hecho, como mi mamá me formó para ser un buen chico judío, nunca me cansé de escuchar "Kenny es perfecto".

Ahora, de nuevo, yo sé que no soy perfecto, excepto en Cristo, pero todavía se enternece mi alma al saber y recibir lo que mi madre siente por su hijo, Kenny. ¿Sabe usted que en este momento el Padre Celestial está hablando sólo lo bueno acerca de usted?

Eres la niña de sus ojos. Él conoce cada cabello de su cabeza. Él le modeló y formó y le llama a su obra "formidable y maravillosa "(Salmo 139:14).

Su Padre Celestial no está reteniendo su impresionante amor. De hecho, él está cantando sobre usted constantemente canciones de amor, "canticos de liberación" (Salmo 32:7). ¿Puedes oír el sonido de su amado? Él anhela estar cerca de usted, porque él está siempre con usted y luchando por su bien. Deseo que usted ponga su mano en su corazón conmigo y diga como Papá Woody nos enseñó.

Repita conmigo: "Dios me ama." Ahora dígalo de nuevo pero hágalo de forma personal, "Dios ama a Kenny!" Es decir, "Dios ama a _____!" y llene el espacio en blanco con su nombre. Repítalo tres veces, y recuerde lo que el Señor le dijo a Papa Woody, "Mi pueblo no sabe que los amo."

El principio de la humildad, comienza cuando usted le abre espacio a Dios siendo humilde, porque "Dios resiste a los soberbios y da gracia a los humildes" (1 Pedro 5:5, NKJV). Por cierto, la palabra "resiste" en el griego es antitassō.

Esta palabra significa que Dios se opone o se coloca en contra en la batalla. Esa es una palabra muy fuerte. Así que si usted no quiere encontrarse luchando contra Dios, entonces tal vez es hora que aprendamos el principio de la humildad.

Ese principio es el siguiente:

El poder nunca está en mi propia capacidad, sino en la fuerza de Dios que viene al menguar y humillarme intencionalmente, dando lugar a la gracia de Dios.

Oremos: Padre Celestial, gracias te doy por tu extraordinario amor por mí, que demostraste cuando Jesús murió en la cruz, como un sustituto por todos mis pecados. Por causa de tu hijo Jesucristo, ahora puedo recibir el don de la justicia, que viene sólo cuando descanso en tu amor. No me esforzaré para lograr y comprar el engaño de querer obtener lo que ya me ha sido dado generosamente.

Jesús, yo elijo hoy, no sólo amarte, sino ser un destinatario de tu extraordinario amor por mí. Por ese amor, estoy lleno de la plenitud de Dios. Ya no odiaré! No juzgaré! Apasionadamente seguiré y daré lo que es bueno, amable, noble y fiel a todos los que se crucen por mi camino y por mi vida. Ya no me esforzaré hoy, por lograr las cosas en mi capacidad, sino que descansaré en el amor que el Padre me tiene.

Elijo hoy ser humilde y voluntariamente abrir un espacio para la gracia y más gracia. El poder en el cual vivo y camino, no me pertenece. Mi fuerza está en Cristo solamente, y cuando soy débil en mí mismo, entonces soy fuerte en el Señor y en el poder de su fuerza. Hoy confieso que la gracia viene a mí, porque yo elijo vivir

humildemente descansando en el amor del Padre. Dios ama a
_____! Amén.

CAPITULO DOS:

Puede Escucharme Ahora?

ANTES DE LLEGAR de llegar demasiado lejos en este libro, siento que necesito darle algún tipo de conocimiento acerca de lo que es la humildad y lo que no lo es.
La definición del diccionario de Webster acerca de la humildad es (1)
1.   No orgulloso ni arrogante: no arrogante o agresivo.
2.   Reflejando, expresando, o probados en un espíritu de respeto o sumisión <una disculpa humilde>
3.   Clasificación baja en una jerarquía o escala: insignificante, no pretencioso.

Me gusta lo que dice el diccionario: humildad, no es lo que yo creo que es. Humildad es la antítesis del orgullo y la arrogancia, y que no muestra características de autoafirmación o auto-realización.
Pero permítanme explicar donde el adjetivo está perdiendo una verdad fundamental sobre la humildad que pudiéramos descuidar por sólo mirar a la definición del diccionario.
Además, me gustaría que echáramos un vistazo a lo que dice la Biblia acerca de la palabra humildad. La primera vez que la palabra humildad es mencionada en la Biblia es en la historia del dramático éxodo de los hijos de Israel de Egipto.
Leamos juntos:

Entonces vinieron Moisés y Aarón a Faraón y le dijeron: "Así dice el Señor Dios de los hebreos:" ¿Hasta cuándo reusaras humillarte delante de mí? Deja que mi pueblo Vaya, que ellos me puedan servir. '"

Éxodo 10: 3, 4

(NKJV)

Una palabra hebrea para humildad es: הנע`anah
Significa inclinarse, deprimirse a sí mismo, agacharse o hacerse bajo. (2)

Ahora, la razón por la que quiero que vea el contexto original en hebreo y su significado es para que podamos aprender acerca de lo que es la humildad y no sólo lo que no es.
La función principal de la palabra "humildad" tiene que ver con rebajarse a sí mismo en su actitud y en la acción correspondiente. Es una elección deliberada de menguar a sí mismo, no porque usted sea insignificante, sino porque confía en un Dios que prometió levantar siempre a aquellos que se humillan a sí mismos. Así que cada vez que hablamos de la humildad, siempre vamos a hacerlo desde de un punto de vista de una decisión de la voluntad y de la intención de hacerse inferior con la expectativa de ir más alto, en un tiempo cercano.
Dios se deleita en la esperanza y en la expectativa que proviene de poner su confianza en él y no en usted mismo.
El principio de la humildad es el siguiente:

El poder nunca está en mi propia capacidad, sino en la fuerza de Dios que viene por menguar y humillarme intencionalmente a mí mismo, dando así lugar a la gracia.

Muchas personas creen que si hacen inferiores no recibirán nada a cambio.

Yo le mostraré que esto no es bíblico y posteriormente se convertirá en una falsa humildad, que es en realidad una forma de orgullo.

Esta es una de las formas más comunes de entender mal la palabra humildad. Ahora bien, esta es la razón del por qué este libro se llama "Menguando para Crecer": ¿Cómo intencionalmente yendo hacia abajo, usted puede ir más arriba.

Vamos a profundizar un poco más y esperemos poder desarrollar un trabajo sobre la definición de la humildad, que sea verdaderamente bíblica.

Ahora hemos establecido que las personas humildes se hacen a sí mismos inferiores; ellos se agachan y se doblegan, haciéndose más humildes a sí mismos.

Pero quien debería rebajarse? ¿Estamos diciendo a la gente que deberían inclinarse y rebajarse a sí mismos ante sus jefes? Deberán inclinarse ante una autoridad civil? o un maestro?

Creo que el contexto bíblico de humildad no es una inclinación física ante una persona, sino una elección espiritual para permitir a alguien y a algo más grande o mayor, trabajar en su favor cuando usted vive realmente en el poder y en las promesas dadas al humilde.

Así que en realidad, mi humildad esta siempre delante de Dios, incluso aunque a veces pareciera como si estuviera inclinándome en la presencia de hombres.

Esto lo voy a mostrar en detalle cuando veamos las enseñanzas de Jesús sobre la humildad, pero por ahora, deseo que se dé cuenta, que ser humilde es una opción que usted mismo debe tomar.

Cuando usted elige ser humilde, está eligiendo hacerse a si mismo inferior ante Dios con la expectativa de que un poder oculto será desatado debido a su humildad ante El.

Así que una definición de humildad, sería algo como esto:

Humildad significa hacerse inferior ante Dios ahora, con la certeza de que Dios le exaltará en algún momento del futuro.

¿Alguna vez escuchó a Kim Klement cantar la canción profética, "Estoy en algún lugar en el futuro y me veo mucho mejor de lo que soy ahora"? Él debe haber estado hablando de los que viven en el poder de la humildad.

Así que cuando usted vive y opera en el poder de la humildad, nunca tendrá que levantarse a sí mismo o hacer que algo suceda. En lugar de ello, usted hará espacio para que Dios obre, haciéndose a si mismo inferior, sabiendo que Dios trabajará, y usted notará, muy probablemente, que le llevará más alto.

Una vez más, permítanme decirle que Dios no está en contra de que usted vaya más arriba. De hecho, quiere aumentar su grandeza e influir más de lo que usted anhela. La diferencia está cómo llegar allí.

Échele un vistazo a nuestros estudios sobre personajes humildes, escuche y aprenda de personas como David quien como yo creo, aprendió a vivir en el poder de la humildad. Mire y vea el "Menguando para Crecer", el lado positivo del estar abajo en acción!

Mi alma se gloriará en el Señor; El humilde oirá hablar de ello y se alegrará.

Salmo 34: 2 (NVI)

Mientras escribo y pienso en este pasaje, recuerdo el comercial de televisión en el que alguien está hablando por teléfono y se mueve de un lugar a otro, diciendo: "¿Puedes oírme ahora?" ¿Ha sentido alguna vez el deseo de poder escuchar mejor a Dios? ¿Alguna vez ha orado y deseado poder oír una respuesta de Dios? Yo lo he hecho.

Por favor, abra su corazón para aprender un secreto y la clave para oír a Dios, como lo hizo el rey David, quien dijo: "El humilde oirá." Esta escritura está llena de revelación acerca de la humildad.

La primera revelación podría ser obvia, pero aún debe ser mencionada. La gente humilde se gloría en el Señor, no en sí mismos!

Ahora con nuestra definición de humildad que ya hemos trabajado y lo que hemos aprendido hasta ahora, podemos ver algunos de los atributos específicos de la humildad.

Recuerda nuestra definición de humildad? "humildad significa hacerse a si mismo inferior ante Dios ahora, en la certeza de que

Dios le exaltará en algún momento en el futuro", y el principio de la humildad es:

"El poder no está en mi propia habilidad, sino en el poder de Dios que viene de rebajarme y humillarme a mí mismo dando lugar a la gracia de Dios.

Mientras usted está leyendo espero que pueda notar que una persona humilde posee o se jacta de las capacidades de Dios, y no en sus propias habilidades. Esto no significa que la persona humilde es débil o que no posee ninguna habilidad, sino que opta por descansar en el poder de Dios en lugar de hacerlo en sus propias capacidades.

Este salmista conocido como David, el dulce cantor de Israel, ha estado huyendo de Saúl y se cree que escribió este salmo después de fingir ser un loco delante del rey de Gat.

Leamos la historia junta.

Así que David se escapó de Saúl y se fue a Aquis rey de Gat Pero los oficiales de Aquis estaban descontentos con su estadía allí.
"¿No es éste David, el rey de la tierra?" ellos preguntaron. "¿No es él el que la gente honra con bailes cantando, 'Saúl ha matado a sus miles, y David sus diez miles'?"
David escuchó estos comentarios y estaba muy temeroso de lo que el rey Aquis de Gat podría hacer con él. Así que fingió estar loco, arañando en las puertas y dejaba que su saliva corriera por su barba. Finalmente, el rey Aquis dijo a sus hombres:
"¿Tenían que traerme un loco? Ya tenemos suficiente de ellos por aquí! ¿Por qué debería dejar que alguien como este sea mi invitado? "

(NTL)

David, como un joven adolescente, ya había matado al gigante que vino de Gat llamado Goliat. Probablemente usted conoce la historia.

David se rebaja a sí mismo frente al rey fingiendo ser un loco, para que pueda tener algún tipo de refugio de la persecución de Saúl. La reputación de David como un guerrero ya había llegado a los oídos del rey, y David no tenia que presumir de lo que había hecho, porque ellos ya lo sabían. Lo que hizo David es un muy poco común y muy humilde de su parte. En lugar de mostrar su poder, su capacidad, y su fuerza, David se hizo inferior ante la presencia del rey.

Recordemos nuestra definición de humildad, dice que nos haremos nosotros mismos inferiores ante Dios, pero puede ser que parezca que lo estamos haciendo delante de los hombres. Creo que cuando usted se humilla a sí mismo en el mismo espíritu que tuvo David, no tiene que fingir ser débil, sino fuerte.

No puede haber un rey ungido en el futuro con una reputación de grandeza hoy, y que probablemente llegue a ser humilde. Sin embargo, David no estaba en realidad rebajándose ante un rey, sino más bien ante su Dios.

David tuvo que confiar en Dios al humillarse a sí mismo, para que Dios pudiera llevar a cabo las palabras del profeta Samuel y afirmar la unción, que muchos años antes había sido declarada sobre David, como el verdadero rey de Israel, el hombre conforme al corazón de Dios. ¿Cómo podía David, el escogido, el amado, hacerse inferior y humillarse a sí mismo? Porque él sabía finalmente que Dios podía llevar a cabo lo que ningún hombre podía hacer!

David sabía que ni Saúl ni este rey filisteo, podrían mantenerlo alejado del lugar donde Dios le iba a exaltar eventualmente, (por cierto, esta es la parte que no me gusta, todos queremos la exaltación ahora). Leamos lo que David escribió después de este encuentro con el rey Aquis.

Cuando David escribió el Salmo 34, cantó sobre la jactancia en el Señor y dijo: "Lo oirán los mansos y se alegraran." Estas palabras están en cursiva porque no están en el Texto Hebreo original. Los traductores suelen añadir palabras que ayudan a comprender el significado, pero a veces realmente nos lleva lejos de lo que el Señor quería decir.

En el hebreo la palabra para "escuchar" es la palabra עמש "shama," significa "oír, escuchar, obedecer y seguir." Esta palabra "shama" también la encontramos en el verso que Jesús mencionó y que es parte del más grande de todos los mandamientos.

Entonces uno de los escribas, que los había oído disputar, sabía que les había respondido bien, le preguntó: "¿Cuál es el primer mandamiento de todos?" Jesús le respondió: "El primer mandamiento de todos es: 'Oye, (עמש "shama") oh Israel, el Señor nuestro Dios, el Señor uno es. Y amarás al Señor tu Dios con todo tu corazón, con toda tu alma, con toda tu mente y con todas tus fuerzas. Este es el principal mandamiento. Y el segundo, es el siguiente: 'Amarás a tu prójimo como a ti mismo. "No hay otro mandamiento mayor que éstos "(Marcos 12: 28-31, NKJV).

Jesús respondió a la pregunta acerca cual es el primer y más grande mandamiento, diciendo "shama" (escuchar). Muchas personas pierden la enseñanza poderosa que Jesús está dando al escriba. Creemos que Jesús simplemente le dice: "Oye, sólo hay que poner a Dios en primer lugar," pero hay algo mucho más profundo que nosotros recibimos de las enseñanzas de Jesús.

La pura verdad es que nadie puede poner primero a Dios, sin un corazón lleno del deseo de shama (escuchar). De hecho, si le pregunta a una persona judía cual es la más santa e importante escritura, le diría que es Deuteronomio 6:4, y simplemente lo llaman "El Shama". Pero incluso la mayoría de los judíos se centran en la última parte de ese versículo, que declara que sólo Dios es el único y verdadero Dios.

La mayor enseñanza y énfasis no los hace centrarse en la palabra real en el hebreo sobre el escuchar, el obedecer, y seguir, que se envuelven en esta poderosa Palabra hebrea "shama." Jesús está citando en forma Deuteronomio 6:4 cuando dice el más importante mandamiento es: עמש "shama." עמש en hebreo es transcribe como "shama", oír, escuchar, obedecer y seguir.

Hay un poderoso versículo que está en Isaías acerca de cómo el "Shama" realmente guiará su vida, si usted está dispuesto a escuchar.

Si se desvían fuera del camino a la derecha o a la izquierda, oirás (shama) su voz detrás de ti diciendo: "Este es el camino. Síguelo. "Vas a tomar tus ídolos esculpidos en plata y tus ídolos cubiertos de oro, y los arrojaras, como suciedad, gritando, "¡Fuera de mi vista!" Cada vez que plantes tus cultivos, el Señor enviará lluvia para hacerlos crecer y y tendrás una rica cosecha, y vuestro ganado tendrá mucho pasto.

Isaías 30: 21-23 (GNT)

Este pasaje de la Escritura en Isaías nos da una idea de lo que sucederá cuando confiamos en shama. Usted escuchará la voz del Señor en sus oídos con tal claridad como para decir "este es el camino." Es como un dispositivo GPS que podría estar guiando su vida paso a paso, en esta escritura y que le da una nueva fuerza para quitar cualquier cosa que trate de llevarle por el mal camino en su viaje, como algún ídolo o impureza.

Dios promete inmediatamente después la bendición de la lluvia como resultado de oír, escuchar, obedecer y seguir la voz que le guía, que es de lo que se trata el shama.

La promesa de la guía de Dios es una verdad que está marcado en las vidas de aquellos que han aprendido el secreto y la clave para vivir en un lugar donde la humildad les permite escuchar y seguir a Dios.

La promesa que se encuentra en Isaías es aún más potente, porque fue dada en el Antiguo Testamento antes de que el Espíritu Santo viniese a morar en la vida de los creyentes. Jesús, de hecho, predijo el ministerio y misión del Espíritu Santo.

Pero, cuando el Espíritu de verdad, haya venido, os guiará a toda la verdad; pues no hablará por su propia cuenta, sino de lo que oyere hablará; y les dirá las cosas que habrán de venir.

Juan 16:13 (NKJV)

¿Nota que el Espíritu Santo es el que conduce a los humildes a Shama, que es precisamente lo que el Señor Jesús quiere hablarle, para que pueda ser guiado en una determinada senda o dirección? Sin la voz del Espíritu Santo hablando en nuestros oídos espirituales, nos dejaremos guiar de lo que vemos con nuestros ojos naturales, en lugar de oír la voz de Dios, que siempre nos quiere guiar a dondequiera que él desea que vayamos.

El Espíritu Santo es Dios. Nos conduce a la verdad y en relación con la Palabra de Dios. De una cosa poderosa me he dado cuenta, y es que Dios siempre tiene un plan y es mucho mejor que el mío. Ahora, estoy seguro que usted puede recordar algunos momentos de su vida en el que sintió un empujón o tirón en una dirección determinada, pero no fue sensible a ello. Después usted Probablemente dijo: "¿Por qué no escuché esa voz?"

Todos estamos en un viaje aprendiendo a vivir y caminar en el espíritu. Habrá momentos en los que, en cambio, vamos a caminar en la carne y no haciendo las cosas que sabemos que son correctas. No puedo esperar para preguntarle al gran Apóstol Pablo sobre este pasaje:

Pero necesito algo más! Porque si yo conozco la ley, pero no puedo guardarla, y el poder del pecado dentro de mí sigue saboteando mis mejores intenciones, Yo obviamente necesito ayuda! Me doy cuenta de que no hago lo que quiero. Yo quiero hacerlo, pero no puedo. Decido hacer el bien, pero realmente no lo hago; Yo no quiero hacer el mal, pero luego lo hago de todos modos. Mis decisiones, tales como son, no resultan en acciones. Algo ha estado mal en lo profundo de mí y obtiene lo mejor de mí cada vez.

Romanos 7: 17-20

(MENSAJE)

A veces la parte más frustrante de la vida cristiana son los momentos en los que no somos capaces de ceder a la voz que sabemos es de Dios y luego sufrir las consecuencias nefastas. Por supuesto, muchos veces el fruto de nuestro ceder no es siempre evidente inmediatamente, pero también es cierto que a veces en nuestro aprendizaje de cómo ser humildes y escuchar a Dios, no vemos el fruto tan rápido como nos gustaría. Quiero que guarde esta verdad en lo profundo de su corazón que, a pesar de que no vea el beneficio de la humildad en seguida, le puedo asegurar que le traerá grandes frutos en el futuro.

Déjeme decir esto de una manera que pienso que realmente lo pueda entender. Se han hecho estudios sobre personas que están en sus últimos días en esta vida y nadie ha dicho nunca "lamento el tiempo que pasé con Dios o lleno del amor de Dios, o viviendo como la Biblia enseña. "No jamás se arrepentirá de pasar tiempo en la presencia de Dios o de vivir lleno del amor de Dios. ¿Cree que David se arrepintió de esas noches en la presencia de Dios, cuidando de las ovejas de su padre?

Piensa que David se habría arrepentido de esas horas delante del Arca adorando, bailando y cantando a su Dios? La respuesta es un rotundo no! Cuando lleguemos a la gloria, nunca nos arrepentiremos de los tiempos que pasamos en la presencia de Dios, adorando o incluso estando ante el Señor. Lo que probablemente lamentaremos será el no haber escuchado, obedecido, y haber seguido la unción y la dirección de Dios en nuestras vidas.

Yo no sé usted, pero yo no quiero vivir una vida de lamentos. Quiero vivir en el poder de la humildad porque el humilde oye, escucha, sigue y obedece la voz de Dios. Creo que a medida que vaya leyendo este libro crecerá en su capacidad para oír la voz de Dios. Recuerde que la promesa de oír es dada al que es humilde. Las escrituras cuentan una historia interesante sobre un profeta de Israel, que se enfrentó a los falsos dioses de su época, quien, en realidad estaba tratando con el pueblo de Dios que no habían estado siguiendo, obedeciendo, escuchando, u oyendo a Dios; de hecho, estaban realmente haciendo lo contrario!

Entonces Acab convocó a todo el pueblo de Israel y los profetas en el monte Carmelo. Entonces Elías se paró frente a ellos y dijo: "¿Cuánto tiempo más van a seguir indecisos, cojeando entre dos opiniones? Si el Señor es Dios, seguidle! Pero si Baal es Dios, entonces síganlo! "Pero el pueblo estaba completamente en silencio. Entonces Elías les dijo: "Yo soy el único profeta del Señor que queda, pero Baal tiene 450 profetas. Ahora traigan dos becerros. Los profetas de Baal pueden elegir el que deseen y cortarlo en pequeños pedazos y colocarlo sobre la madera del altar, pero sin prenderle fuego. Yo prepararé el otro novillo y lo pondré sobre la madera en el altar, pero no prenderé el fuego. Entonces invoquen el nombre de su dios, y yo invocaré el nombre del Señor. El Dios que responda encendiendo la madera es el Dios verdadero! "Y toda la gente estuvo de acuerdo con él.

(1 Reyes 18: 20-24, NVI)

El pueblo estaba de acuerdo en que era el momento para seguir un solo dios. El único problema era que nunca habían oído a Dios por sí mismos, pero Elías si había escuchado a Dios, y él estaba listo para el Shama a cualquier precio. Vamos a continuar con el pasaje:

A la hora habitual para ofrecer el sacrificio de la tarde, Elías el profeta, se acercó al altar y oró: "Oh Señor, Dios de Abraham, de Isaac y de Jacob, demuestra hoy, que eres el Dios de Israel y que yo soy tu siervo. Prueba que yo he hecho todo esto de acuerdo a tus mandamientos. Oh Señor, respóndeme!   Respóndeme para que estas personas sepan que tú, Señor, eres Dios y que ellos sean traídos de nuevo a ti. "Inmediatamente, el fuego del Señor bajo del cielo y consumió el becerro, la madera, la piedras y el polvo.
Incluso lamió toda el agua que había en la zanja! Y cuando todo el pueblo vio esto, cayo rostro en tierra gritando: "El Señor, él es Dios! Sí, el Señor es Dios!

"1 Reyes 18: 36-39 (NLT)

¿Captó usted la frase de Elías? "Prueba que yo he hecho todo esto de acuerdo a tus mandamientos".
Porque Elías, se humilló a sí mismo, hizo espacio para la voz Shama de Dios.
Elías escuchó lo que nadie antes había oído hablar. Esto es lo que sucede cuando usted y yo nos humillamos; escuchamos de Dios! A causa de que Elías escuchó la voz de Dios y la obedeció, la nación de Israel comenzó a volverse al verdadero Dios. ¿Pero sabía usted que inmediatamente después de esto, Elías corrió lleno de miedo, a causa de la amenaza de Jezabel, la esposa del rey? Elías huye y se encuentra en una cueva donde el Señor se le acerca y le pregunta: "¿Qué haces aquí Elías?" (1 Reyes 18: 9).
Después de pasar la noche en una cueva, Dios viene a él finalmente, como "un silbido apacible y delicado." Es ese silbido apacible el que le da a Elías su mandato y misión, si es que va continuar como profeta de Dios.

Ahora Elías oye la voz suave y apacible y la instrucción que Dios le da, pero como muchos de nosotros, el escucha selectivamente, y sólo cumple una de las instrucciones que Dios le da, no siendo completamente obediente a Dios.

Esto es un ejemplo de lo que no debemos hacer. Si somos humildes y Shama, entonces no podemos simplemente obedecer y hacer lo que es conveniente, o algo con lo que estamos de acuerdo en el momento. Muchas veces nos será difícil ser humilde. Afortunadamente Eliseo, que era el protegido de Elías, fue en realidad quien completó las instrucciones que Dios le había dado su amo.

Volvamos a nuestro Salmo 34 y veamos lo que David esta diciendo bajo una nueva perspectiva. David dice: "Me gloriaré en el Señor y los humildes serán Shama. "¿Qué está diciendo en realidad David, el salmista ungido? Está escribiendo un salmo sobre un principio que rigió su vida desde que era un niño cuidando las ovejas de su padre: que la gente humilde escucha, que la gente humilde obedece, y que la gente humilde sigue lo que Dios dice!

La capacidad de escuchar a Dios es enorme y sin embargo la mayoría lo pasa por alto cuando se trata de la humildad.

Esta es una poderosa verdad acerca de la humildad, y sin logar esto, no podemos seguir adelante.

¿Sabía que cuando se es humilde, se tiene la capacidad de escuchar verdaderamente a Dios cuando habla con usted? David está diciendo que el Shama pertenece a los humildes.

Si usted opera en Shama, tendrá oídos abiertos para escuchar, oír, obedecer y seguir lo que Dios desea de usted. ¿Alguna vez ha dicho: "Yo deseo que Dios simplemente me hable"? O ha estado en contacto con personas que dicen que Dios nunca les ha hablado? Podría ser que no hemos entendido que Dios habla claramente con aquellos que son humildes y que es el humilde el que realmente escucha cuando Dios habla?

¿Sabe que la primera vez que Dios dirigió a su pueblo a shama (escuchar), el pueblo escuchó una palabra y una promesa de Dios sobre la vida en la salud física? Sabía que en Éxodo 15:26, el Señor dijo que los que oyen conocerían a Jehová como su gran médico y sanador? ¿Se da cuenta que se necesita la humildad para el shama (escuchar)? Es la gente humilde la que hará espacio en su vida, para la gracia que trae sanidad e integridad.

La siguiente vez que Dios dirige al pueblo a Shama (escuchar) está en Deuteronomio 11: 13-14, y los que oyen vivirán con la bendición de la lluvia abundante, así como una prolongación de los días como los días del cielo sobre la tierra.

Todo lo que puedo decir es Wow! Wow! El cómo de la bendición es dado libremente, por la gracia de Dios, a los que se mantienen lo suficientemente humildes para escuchar y recibir cuando Dios habla.

Y por ultimo, la tercera vez se encuentra en Deuteronomio 15: 5-6, y Dios les promete a los que Shama (escuchan) serán bendecidos por Dios, no pedirán prestado, sino que prest-aran a otros y reinaran sobre las naciones.

No sé si usted, pero yo quiero vivir en humildad para poder shama (escuchar) continuamente lo que Dios quiere decirme. Es mi opinión que si una persona sólo pudiera escuchar a Dios, su vida cambiaría. Señor, que seamos personas shama!

Jesús dijo:

El que tiene oídos para oír, que oiga!

Mateo 13: 9 (NVI)

No sólo es posible sino probable que Jesús, hablando en hebreo, se estaba refiriendo a shama, acerca del escuchar a Dios. De hecho, Jesús usó esta declaración muchas veces para concluir que no eran los oídos físicos que no estaban en sintonía o no estaban oyendo; eran sus oídos espirituales y la capacidad de escuchar la verdad de lo que Dios quería decirles a ellos, lo que estaba obstaculizando sus oídos, que no estaban abiertos a lo que Jesús estaba enseñando. ¿Podría Jesús estar concluyendo que lo que David escribió en el Salmo 34 de ellos, que no eran capaces de oír, porque no eran humildes? Se que probablemente nunca pensó cómo ser humilde podría influir tanto y sobre todo nuestra capacidad de escuchar la voz del Espíritu Santo o verdaderamente escuchar la Palabra de Dios. Leamos ahora un poco más de cerca y veamos si podemos obtener una visión más profunda de Jesús mismo.

Por tanto, oíd la parábola del sembrador: Cuando alguno oye la palabra del reino y no la entiende, entonces, viene el maligno, y arrebata lo que fue sembrado en su corazón. Este es el que fue sembrado junto al camino. Pero el que fue sembrado en pedregales, éste es el que oye la palabra y enseguida la recibe con alegría; pero no tiene raíz en sí, y permanece sólo por un tiempo. Pero cuando la aflicción o la persecución se levantan por causa de la palabra, inmediatamente tropieza. Y la semilla sembrada entre espinos es el que oye la palabra, pero el afán de este siglo y el engaño de las riquezas ahogan la palabra, y se hace infructuosa. Pero la semilla sembrada en buena tierra es el que oye la palabra y la entiende, da fruto y produce: una al ciento, otra al sesenta, y otra al treinta.

Mateo 13: 18-23

(NKJV)

Ahora veamos el contexto de lo que Jesús está enseñando aquí y lo importante que es ser humilde. Jesús está enseñando acerca de la parábola del sembrador, explica profundamente los fundamentos de esta parábola en el libro de Marcos.

Entonces Jesús les dijo: "Si no pueden entender el significado de esta parábola, ¿cómo van a entender todas las otras parábolas?"

Marcos 4: 1,3 (NLT)

Entonces, ¿cuál es el tema principal de esta parábola? Se trata del escuchar! Jesús enseña que, el poder de la Palabra de Dios nunca vuelve vacía, a menos que llegue a un corazón que shama y escucha plenamente la palabra, no producirá fruto. Por eso es tan importante que usted y yo aprendamos cómo vivir en el poder de la humildad. Esta es la razón del por qué David dijo: "El humilde oirá, el humilde Shama!"Estoy tan impresionado por esta enseñanza, que aun me conmuevo profundamente mientras escribo.

Como pastor, amo mis ovejas, pero me siento tan desalentado cuando no hacen lo que saben que deberían hacer. A veces pienso, "¿Por qué yo predico de corazón el domingo, cuando muchos del pueblo de Dios ponen el oír la Palabra de Dios y la adoración colectiva en un lugar más bajo de lo indicado en la lista de prioridades?" Ahora sé que me estoy desfogando en este momento, pero no deseo que la gente venga a escucharme solamente. Quiero que vivan en el poder del escuchar a Dios y haciendo lo que El desea para sus vidas.

Las enseñanzas de Jesús en la parábola del sembrador demuestran que las personas han sido las mismas durante miles de años. La Palabra de Dios siempre está a la espera y mirando a la tierra al corazón de quien la recibirá con humildad.

Creo que cuando David se humilló y se comportó como un loco delante del rey filisteo, Dios lo vio y tomó nota. Si usted no sabe la historia, le voy a dar un breve repaso.

David cuando era un niño fue ungido por Dios para ser el próximo rey de Israel. Saúl que era el rey, no era más que un inseguro, orgulloso, y además fue intimidado por el corazón y la juventud de David y de la forma cómo el pueblo levantó David en canticos. David nunca tomó represalias en ninguna forma cuando el rey Saúl trató de matarlo y puso al pueblo en su contra. La persecución del rey Saúl llevó a David a vivir en el desierto, temiendo por su vida, y aunque tuvo la oportunidad de matar a Saúl, no lo hizo porque era el Líder ungido de Dios. David nunca se levantó a sí mismo y se humillaba continuamente, porque había un poder oculto en su vida, que le ayudaba para bien en medio de sus pruebas.

David cantaba, porque él sabía que era Dios el que en última instancia lo reivindicaría. En 1 Samuel 22 después que David deja al rey Aquis, él va al desierto, y allí Dios lo libera, lo que sólo podría sucederle a los humildes.

Por lo tanto, David se fue de allí y escapó a la cueva de Adulam. Así que cuando sus hermanos y toda la casa de su padre lo oyeron, vinieron allí a él. Y todos que estaba en peligro, todo el que estaba endeudados, y todos los que estaban descontentos se reunieron con él. Entonces él se convirtió en capitán de ellos. Y había unos cuatrocientos hombres con él.

1 Samuel 22: 1-(NKJV)

Inmediatamente después de que David se humilla a sí mismo sin resultados inmediatos aparentes, a pesar de todo, Dios delega bajo el cuidado de él cuatrocientos hombres, quienes ahora pueden recibir el liderazgo de David después de él haberse humillado.

Mira lo que Dios hace! Y estos son los mismos hombres que más tarde fueron conocidos como los valientes de David. Venían endeudados, heridos, incomprendidos, y maltratados, sin embargo, con David, fueron sanados. Me alegra decir que en el reino egoísta de Saúl, estos hombres eran inadaptados, pero en el humilde desierto de David, eran valientes. Vinieron endeudados, desalentados, y afligidos, pero con David, fueron todos bendecidos abundantemente. Venían heridos de corazón, pero con David, se convirtieron en poderosos guerreros que infundían miedo a sus enemigos. ¿Qué fue lo que hizo la diferencia? David era un hombre que conocía que la humildad viene de Shama.

David modeló esta cualidad, casi olvidada, en los líderes de hoy. ¿Puede usted imaginar el líder de una nación haciendo lo que hizo David? Claro que no! ¿Por qué? Porque la mayoría de las personas piensan que tienen que presumir y sobresalir por sí mismos y por lo tanto, todo lo que tienen es porque han trabajado y manipulado para ello o han hechos que las cosas pasen por su propio esfuerzo. David no era este tipo de líder.

David entendió que la verdadera influencia y el poder no debe ser utilizado para obtener ganancias egoístas, sino para ayudar y guiar a otros a llegar a lugares más altos. David nunca obtuvo el trono porque él se promocionó a sí mismo. De hecho, usted notará que Dios siempre usó a otros para llevar a David a ser prominente. Muchos de los líderes de hoy generalmente se jactan de lo que han hecho o logrado; no se jactan en el Señor, como David escribió en el Salmo 42.

La capacidad de shama es dada a aquellos que son humildes. El humilde será Shama (oirá). Esta es una potente verdad y que rara vez es enseñada. He oído a muchas personas orgullosas a mí alrededor, y estoy seguro que usted también. En realidad, yo prefiero estar rodeado de gente que simplemente escuchan a Dios y obedecen lo que Dios les dice. No me gusta cuando alguien dice, "Dios me ha enviado a hacer tal y tal cosa".

Si Dios le envía, sólo hágalo y no se gloríe en sí mismo o en lo que Dios le ha dado para hacer.

¿Puede ver cómo necesitamos más de este tipo de humildad? Necesitamos ver a la gente haciéndose inferior, no levantándose a sí mismos y alcanzando algún tipo de posición de poder.

David se mantuvo humilde como cuando era joven estando al cuidado de las ovejas de su padre. Nadie lo estaba viendo, mientras él pasó años solo en el desierto manteniéndose voluntariamente humillado ante su Dios. Cuando David fue a una misión dada por su papá a ver a sus hermanos, el aprovechó esa oportunidad para gloriarse en la grandeza de Dios. Veamos ahora a David cuando visita a sus hermanos en el campo de batalla.

Tu siervo ha matado leones y osos; y este incircunciso Filisteo será como uno de ellos, porque ha desafiado al ejércitos del Dios viviente." Por otra parte David dijo, "el Señor que me libró de las garras del León y de las garras del oso, él también me librará de la mano de este filisteo."

1 Samuel 17: 36-37 (NKJV)

¿Puede ver la verdadera humildad bíblica de David? David fue audaz al apuntar a la fuerza de Dios para que trabajara en su vida cuando él estaba cuidando las ovejas de su padre. David reconoció que la fuerza era de Dios, y no suya. Él descansó en esa fuerza más de una vez y ahora estaba dispuesto a seguir viendo lo que haría Dios a través de la humildad.

De hecho, creo que esto es lo que separaba enormemente a David del rey Saúl, quien más tarde trataría de decirle a David que él necesita su armadura para protegerse a sí mismo de Goliat. David se quita rápidamente la armadura de Saúl, sin probar o demostrar su utilidad. Lo que David había visto era un Dios que podía vencer con la simplicidad de una honda y una piedra.

¿Te gustaría ser como David que solo confiaba en la fuerza y en el poder de Dios? Ve usted, que el poder oculto de la humildad es confiar auténticamente en el Señor. Su jactancia estaba siempre en

Dios y no en su propio poder o habilidad. David nos da esta clave profunda. "El humilde oirá".

Tus oídos oirán una palabra detrás de ti, diciendo: "¿Este es es el camino, andad por él, "Sea que gire a la mano derecha, o sea que gire a la izquierda.

Isaías 30:21 (NKJV)

CAPÍTULO TRES:

¿Qué está matando a la iglesia de hoy?

Yo TUVE UN sueño que fue tan real que hizo algo en mí. Ahora bien, antes de contarle el sueño, quisiera darle una verdad bíblica acerca de los sueños y de la influencia que pueden tener en su vida. Me gusta pensar de los sueños como una visión o una historia que viene de Dios mientras dormimos. El nos la da durante nuestro sueño para que la podamos recibir sin impedimentos o retrasos. Hay algo que nos sucede a todos mientras dormimos profundamente. ¿Saben a lo que me refiero, cierto? Es en este profundo estado de sueño cuando nuestras mentes se cierran al ajetreo diario y pareciere que nos deslizamos hacia otro mundo o un estado alterado en el cual podemos creer o hacer cualquier cosa (sabes…como volar).

Algunas veces pienso que Dios nos tiene que hablar en sueños porque estamos tan distraídos y congestionados con el afán de la vida.

Dios a veces utiliza un sueño para irrumpir en nuestro subconsciente, mientras dormimos, para darnos un mensaje o una respuesta.

"Dios nos habla una y otra vez, aunque no lo percibamos. Algunas veces en sueños, otras veces en visiones nocturnas, cuando caemos en un sopor profundo, o cuando dormitamos en el lecho, él nos habla al oído y nos aterra con sus advertencias, para apartarnos de hacer lo malo y alejarnos de la soberbia; para librarnos de caer en el sepulcro y de cruzar el umbral de la muerte.*

Job

33:14-18 (NVl)

Esta escritura que se encuentra en el libro de Job nos revela como Dios utiliza sueños mientras dormimos para darnos un mensaje que quizás no recibamos de otra manera. Ahora, yo se que puede haber alguno que no le de credibilidad a los sueños, y tampoco digo que Dios nos habla a través cada sueño.

Sin embargo, creo que cuando usted tiene un sueño, al cual yo me refiero como un sueño profético, usted debe prestar especial atención a lo que pueda significar para usted. Un sueño puede advertirle; un sueño puede darle guía y hasta cierto punto claridad hacia algo o alguien, de manera que por favor, póngale atención a sus sueños!

Ahora, tuve un sueño muy real una noche. Era tan claro y tan intenso que les confieso, sinceramente, infundía miedo. En ese sueño vi un instrumento de tres puntas, como un tridente, y en cada una de sus tres puntas había algo escrito.

También vi a alguien que se me pareció al diablo, sosteniendo el tridente y mataba al pueblo de Dios. Cada punta tenía un nombre escrito: "rebelión, terquedad y apatía". En el sueño Dios me enseñaba estas tres cosas que el diablo usaba para detener a la iglesia.

Yo sabía que Dios quería que yo viera esto porque yo le había estado preguntando qué estaba pasando en mi iglesia. Dios me mostraba que en mi iglesia el diablo estaba utilizando este tridente para entorpecer el trabajo de Dios en la vida de su pueblo.

Además, el tridente tenía una agarradera larga que llegaba hasta las tres puntas y esta representaba la raíz de cada una de las puntas de rebelión, terquedad y apatía. ¿Sabe cuál es la raíz de estas puntas? Es una de las cosas que la Biblia dice que a Dios no le agrada y es nada menos que el orgullo.

El orgullo es la raíz o el tallo el cual debemos combatir pues siempre nos traerá hacia abajo. La palabra dice:

> Al orgullo le sigue la destrucción; a la altanería, el fracaso.
> Proverbios 16:18 (NVI)

Puedo recordar este sueño tan real y tan vivido. Puedo recordar el sentirme tan indefenso en mi sueño mientras le decía a Dios que no podía ayudar a estas personas, pues estaban llenas de rebelión, terquedad y apatía. Entonces el Señor me dijo algo, que estuvo a punto de estallar mi mente. El me dijo que yo iba a dirigir a estas personas a que salieran de la raíz del orgullo y fuera de la rebelión, la terquedad y la apatía que había visto en mi sueño.

Dios me ungió como su Pastor en mi sueño, y me dijo que yo tenía el poder para hacerlo. Siendo honesto y vulnerable, me sentí incapaz y completamente falto de fuerzas para llevar a cabo esa tarea. De hecho, mientras escribo esto, aun me siento igual.

No solamente Dios continúo diciéndome que yo los llevaría fuera, sino que me dijo que El no descansaría en seguir diciéndome que El me dio la tarea y que yo la llevaría a cabo hasta el final.

Honestamente, amo a mi iglesia y creo que tenemos a algunos de los más amantes y servidores cristianos que conozco.

Hay tantas cosas grandes acerca de nuestra iglesia y la gente que desearía que todos pudieran venir y experimentar uno de nuestros servicios.

Sin embargo, yo sé que cuando Dios habla siempre lo hace desde un lugar de amor y verdad y sé que no hay iglesia perfecta, porque todas ellas tienen gente buena que luchan contra la raíz del orgullo, que siempre lleva a la rebelión, la terquedad y la apatía.

Mientras más pienso en mi sueño y en las palabras que creo Dios me hablo en el, más creo que la iglesia en general está plagada de este tridente, la raíz del cual es el orgullo que lleva al nacimiento de la rebelión, la terquedad y la apatía.

Quizás aun este libro, "Menguando para Crecer" Dios pueda usarlo para que sea el primer paso en ayuda, para sacar al pueblo de Dios de las trampas del diablo. Ahora, la Biblia dice:

Para que Satanás no se aproveche de nosotros, pues ya conocemos sus malas intenciones.

2 Corintios 2:11(NVI)

La Biblia es clara al decir que los cristianos no deberían ignorar las estrategias, esquemas y tácticas que el diablo podría tratar de emplear para detener la obra de Dios en nuestras vidas, nuestras familias, iglesias, y en nuestras respectivas herencias, culturas y naciones.

Lo que estoy a punto de tratar en breve, no es algo nuevo, pero por alguna razón hemos sido cegados y disuadidos y no lo reconocemos por lo que realmente es. Vera usted, cuando trata de manejar una serpiente o un animal salvaje, tarde o temprano esa serpiente o animal lo tratará de morderlo o atacarlo, porque eso es lo que los animales salvajes hacen. Eso es lo que son por naturaleza.

La Biblia dice:

¡Qué aflicción para los que dicen que lo malo es bueno y lo bueno es malo, que la oscuridad es luz y la luz es oscuridad, que lo amargo es dulce y lo dulce es amargo! Prover6

Isaías 5:20 (NLT)

No hay nada bueno acerca del orgullo, la rebelión, la terquedad o la apatía. Porque la raíz del orgullo ha sido utilizada por Satanás para traer a muchos a lugares de ruina. Yo digo que cuando alguien es orgulloso, está lleno de sí mismo y no tiene espacio para lo que Dios quiere hacer.

Cuando dejamos que la raíz del orgullo domine nuestro pensamiento, nuestro futuro se torna sombrío y nublado. Dios siempre resiste al orgulloso. El orgullo siempre engendra un espíritu de rebelión, terquedad y apatía. Estas cosas nunca han sido sinónimos de buenas cosas o algo al cual debamos aspirar bíblicamente.

El mismo Jesús advirtió a Pedro antes de que el negara al Señor en este pasaje bíblico:

Dijo también el Señor: Simón, Simón, he aquí Satanás os ha pedido para zarandearos como a trigo; pero yo he rogado por ti, que tu fe no falte; y tú, una vez vuelto, confirma a tus hermanos. Él le dijo: Señor, dispuesto estoy a ir contigo no sólo a la cárcel, sino también a la muerte. Y él le dijo: Pedro, te digo que el gallo no cantará hoy antes que tú niegues tres veces que me conoces.

Lucas 22:31-34 RVR60

Jesús sabía que Satanás quería zarandear a Pedro y los demás discípulos. Pedro estaba tan lleno de orgullo y tan seguro de sus propias habilidades que saltó y le dijo al Señor que él estaba listo, no solo a ir a prisión o a la muerte, sino a ir con Jesús a donde el camino los condujere.

Ahora bien, aquí encontramos unas poderosas verdades las cuales podemos escudriñar. Primero encontramos que Jesús ya sabe que el enemigo nos desea tentar.

En el lenguaje griego es la palabra exaiteō: "significa que alguien sea entregue al poder de otro para ser torturado o castigado." Esto es lo que el enemigo quería hacer con los discípulos, especialmente con Pedro. Jesús le dice aquí a Pedro, "Yo ya he orado y he visto tu conversión y lo que vas a hacer por mi Reino. Pedro, tú serás uno que fortalecerás la iglesia."

Pero antes de que Pedro pueda hacer algo primeramente tendrá que lidiar con el arrogante y orgulloso corazón que tiene. Después Pedro llorará amargamente en arrepentimiento por haber negado a aquel a quien le fue revelado como El Hijo de Dios.

13 Cuando Jesús llegó a la región de Cesárea de Filipo, les preguntó a sus discípulos: — ¿Quién dice la gente que es el Hijo del Hombre? 14 —Bueno —contestaron—, algunos dicen Juan el Bautista, otros dicen Elías, y otros dicen Jeremías o algún otro profeta. 15 Entonces les preguntó: —Y ustedes, ¿quién dicen que soy? 16 Simón Pedro contestó: —Tú eres el Mesías, el Hijo del Dios viviente. 17 Jesús respondió: —Bendito eres, Simón hijo de Juan, porque mi Padre que está en el cielo te lo ha revelado. No lo aprendiste de ningún ser humano. 18 Ahora te digo que tú eres Pedro (que significa "roca"), y sobre esta roca edificaré mi iglesia, y el poder de la muerte no la conquistará.19 Y te daré las llaves del reino del cielo. Todo lo que prohíbas en la tierra será prohibido en el cielo, y todo lo que permitas en la tierra será permitido en el cielo.

Mateo 16:13-19 (NTV)

¿Sabía usted que Dios puede hablarle y aun continuar lleno de orgullo? Ahora, recuerde que lo opuesto y la antítesis de la humildad es el orgullo, y es la única cosa que la Gracia de Dios resiste.

Entonces espero que usted entienda lo imperativo que es el que veamos al orgullo por lo que es, un dispositivo mortal que nos devora de adentro hacia fuera.

El tridente que vi al Diablo blandir tenía el largo tallo del orgullo, llevando a las tres puntas de rebelión, terquedad y apatía. Esta es la forma en que estas se manifiestan y hablan:

La Rebelión dice, "No obedeceré."
La Terquedad dice, "No escuchare."
La Apatía dice, "No me moveré."

¿Puede usted ver algo en común entre las tres? Es la palabra "NO". No es lo que ellos no puedan o no tengan la habilidad de hacer; es la arrogancia y el no hacer algo que "yo" no decida. La raíz del tallo es el orgullo, quien se levanta y dice que ya está lleno y auto-suficiente y se niega a ser humilde.

Por eso es que yo creo que es tan importante el que nos mantengamos intencionalmente yendo hacia abajo y no permitamos que el orgullo de forma alguna, nos obligue a levantarnos por nuestras propias fuerzas. Recuerde que lo bueno de menguar para crecer, es cuando usted intencionalmente se doblega a Dios dejando que su gracia lo lleve a lo alto.

Este es un terreno peligroso porque el orgullo viene a nosotros como el espíritu del anticristo, quien siempre usa el prefijo "Yo" de forma que es auto-exaltante y egoísta. No es el corazón de alguien humilde, pero si el de alguien que siente la necesidad de glorificarse a si mismo antes que a Dios. Este tridente de rebelión, terquedad y apatía puede ser solo derrotado cuando la raíz del orgullo de paso a un corazón humilde que shama (oirá) a Dios. Después de todo, el mandamiento más grande de la Biblia comienza con shama, porque cuando escuchamos y obedecemos a Dios, inconscientemente nos doblegamos a su deseo y vivimos dependiendo de Él, en lugar de ser orgullosos e independientes de Dios.

Ahora veamos la historia del Rey Saúl, el cual tuvo una inclinación natural a ser orgulloso, posiblemente porque era más alto que los demás Israelitas. La Biblia nos narra que el Profeta Samuel vino y confrontó su desobediencia cuando debió aniquilar a todos los Amalecitas.

Y dijo Samuel: Aunque eras pequeño en tus propios ojos, ¿no has sido hecho jefe de las tribus de Israel, y Jehová te ha ungido por rey sobre Israel?

1 Samuel 15:17 (RVR60)

Cuan increíble fue este rey, el cual comenzó pequeño ante sus propios ojos. ¿Piensa usted que era un hombre humilde? Yo creo al igual que la mayoría de nosotros que comenzamos con el corazón correcto, pero cambiamos cuando comenzamos a tener éxito.
Saúl es como nosotros hoy en día. Cuando Saúl era humilde, Dios lo exaltó y lo coronó como el primer rey de Israel. ¡Qué honor y que privilegio! No tomó mucho tiempo para Saúl olvidar su humildad y comenzar a operar con orgullo, no queriendo perder su posición y autoridad.
De hecho, me atrevería a decir que cualquiera que lea este libro, por favor no deje que su orgullo lo aleje de ser tierno, moldeable y suave ante Dios. Algunas veces es bueno recordar nuestros humildes comienzos y seguir yendo atrás a esos tempranos días cuando usted sabia, que a menos que Dios lo exaltara y ayudara, usted no sería ni tendría nada.
Ahora bien, Samuel era el profeta o el vidente. Dios le había revelado como era el corazón de Saúl y como se encontraba lleno de orgullo y sin deseo de cambiar! Aun cuando fue confrontado por el Profeta, Saúl busca excusas y no hace lo que le fue ordenado.

Te envió en una misión y te dijo: "Ve y destruye por completo a los pecadores —a los amalecitas— hasta que todos estén muertos". ¿Por qué no obedeciste al SEÑOR? ¿Por qué te apuraste a tomar del botín y a hacer lo que es malo a los ojos del SEÑOR? — ¡Pero yo sí obedecí al SEÑOR! —Insistió Saúl—. ¡Cumplí la misión que él me encargó! Traje al rey Agag, pero destruí a todos los demás. Entonces mis tropas llevaron lo mejor de las ovejas, de las cabras, del ganado y del botín para sacrificarlos al SEÑOR tu Dios en Gilgal.

Pero Samuel respondió: — ¿Qué es lo que más le agrada al SEÑOR: tus ofrendas quemadas y sacrificios, o que obedezcas a su voz? ¡Escucha! La obediencia es mejor que el sacrificio, y la sumisión es mejor que ofrecer la grasa de carneros. La rebelión es tan pecaminosa como la hechicería, y la terquedad, tan mala como rendir culto a ídolos. Así que, por cuanto has rechazado el mandato del SEÑOR, él te ha rechazado como rey.

1Samuel 15:18-23 (NTV)

Ahora quiero que recuerde que la rebelión dice, "No obedeceré", y la terquedad dice, "No escuchare". Fueron estos dos pecados los que Saúl cometió a sabiendas, y Dios no le podía brindar su gracia mientras la rebelión y la terquedad permanecieran en el corazón de Saúl. La raíz o el tallo de la rebelión y la terquedad de Saúl era su espíritu de orgullo, el cual Saúl poseía en abundancia.

Posiblemente porque estaba lleno de inseguridades ocultas, problemas de confianza y auto aceptación. Pero al fin y al cabo, no es importante saber el porqué tenemos orgullo sino como lidiamos con él. Porque si no lo controlamos, el orgullo siempre nos llevará al fondo.

Quisiera que piensen en el orgullo como aquello que nos hace confiar y dejarnos llevar por nuestra propia fuerza y habilidad. El orgullo siempre levanta el "YO" en vez de elevar a Dios o su Palabra.

Hay seis cosas que el SEÑOR odia, no, son siete las que detesta: los ojos arrogantes,

Proverbios 6:16, 17ª (NTV)

La primera cosa que Dios detesta no solo es el orgullo sino la mirada orgullosa. Permítame darle unas cuantas escrituras acerca de cuan dañino y perjudicial es el orgullo:

El SEÑOR derriba la casa de los orgullosos, pero protege la propiedad de las viudas.

Proverbios 15:25 (NTV)

Tú reprendes al arrogante; los que se alejan de tus mandatos son malditos.

Salmos 119:21 (NTV)

Los ojos arrogantes, el corazón orgulloso, y las malas acciones, son pecado.

Proverbios 21:4 (NTV)

El orgullo va delante de la destrucción, y la arrogancia antes de la caída.

Proverbios 16:18 (NTV)

El orgullo termina en humillación, mientras que la humildad trae honra.

Proverbios 29:23 (NTV)

La simple y llana verdad es que el orgullo nunca, nunca es bueno. Solamente le lleva hacia abajo.
Otro ejemplo de orgullo se encuentra en el libro de Daniel acerca de un rey que se exalto a sí mismo, en vez de exaltar a Dios.

Sin embargo, todas estas cosas le ocurrieron al rey Nabucodonosor.29 Doce meses más tarde, el rey caminaba sobre la terraza del palacio real en Babilonia 30 y mientras contemplaba la ciudad, dijo: "¡Miren esta grandiosa ciudad de Babilonia! Edifiqué esta hermosa ciudad con mi gran poder para que fuera mi residencia real a fin de desplegar mi esplendor majestuoso". 31

»Mientras estas palabras aún estaban en su boca, se oyó una voz desde el cielo que decía: "¡Rey Nabucodonosor, este mensaje es para ti! Ya no eres gobernante de este reino. 32 Serás expulsado de la sociedad humana. Vivirás en el campo con los animales salvajes y comerás pasto como el ganado. Durante siete períodos de tiempo vivirás de esta manera hasta que reconozcas que el Altísimo gobierna los reinos del mundo y los entrega a cualquiera que él elija".

(Daniel 4:28-32)(NTV)

El rey estuvo lleno de orgullo y no se percató que lo que había recibido como rey no fue por sus grandes habilidades o fuerzas sino a través de Dios quien le había dado el poder y la autoridad. En medio de su jactancia personal, el sueño profético que le había sido dado se hace realidad, y le tomaría siete años para quedar libre de su orgullo. Leamos en:

En el mismo tiempo mi razón me fue devuelta, y la majestad de mi reino, mi dignidad y mi grandeza volvieron a mí, y mis gobernadores y mis consejeros me buscaron; y fui restablecido en mi reino, y mayor grandeza me fue añadida.
37 Ahora yo Nabucodonosor alabo, engrandezco y glorifico al Rey del cielo, porque todas sus obras son verdaderas, y sus caminos justos; y él puede humillar a los que andan con soberbia.

Daniel 4:36-37 (RVR 1960)

Al cabo de los siete años, el rey reconoció al Rey de los Cielos, el mismo que voluntariamente le dio lo que había recibido, y ahora podía vivir conforme a su nuevo entendimiento.
Desafortunadamente, su hijo más tarde, no aprendió de la lección de humildad y arrepentimiento de su padre.

El Dios Altísimo le dio soberanía, majestad, gloria y honor a su antecesor, Nabucodonosor. 19 Lo hizo tan poderoso que gente de toda raza, nación y lengua temblaba de temor ante él. El rey mataba a quienes quería matar y perdonaba a quienes quería perdonar; honraba a quienes quería honrar y humillaba a quienes quería humillar. 20 Sin embargo, cuando su corazón y su mente se llenaron de arrogancia, le fue quitado el trono real y se le despojó de su gloria. 21 Fue expulsado de la sociedad humana. Se le dio la mente de un animal salvaje y vivió entre los burros salvajes. Comió pasto como el ganado y lo mojó el rocío del cielo, hasta que reconoció que el Dios Altísimo gobierna los reinos del mundo y designa a quien él quiere para que los gobierne.

22 »Oh Belsasar, usted es el sucesor del rey y sabía todo esto, pero aun así no se ha humillado. 23 Todo lo contrario, usted desafió con soberbia al Señor del cielo y mandó traer ante usted estas copas que pertenecían al templo. Usted, sus nobles, sus esposas y sus concubinas estuvieron bebiendo vino en estas copas mientras rendían culto a dioses de plata, oro, bronce, hierro, madera y piedra, dioses que no pueden ver ni oír, ni saben absolutamente nada. ¡Pero usted no honró al Dios que le da el aliento de vida y controla su destino!

Daniel 5:18-23 (NTV)

No tenemos que ser como Belsasar, el cual no aprendió de la vida de su padre. Debemos en cambio escuchar las advertencias de las escrituras y no permitir que nuestro orgullo entre en nuestras vidas de ninguna forma o manera. De hecho, cuando el orgullo aparece, viene acompañado de la rebelión para que nosotros no obedezcamos; y de la terquedad para que no escuchemos a las instrucciones que necesitamos para nuestra liberación. Cuando Jesús vino a su pueblo, ellos se negaron a escucharlo y a seguirlo.

Ellos fueron tercos y esto causó que el pueblo para el cual El vino, perdieran la oportunidad de su visitación. Yo, definitivamente, no me quiero perder lo que Jesús tiene para mí. ¿Y usted qué dice?

Jesús le dijo a la gente que creyó en él:
—Ustedes son verdaderamente mis discípulos si se mantienen fieles a mis enseñanzas; 32 y conocerán la verdad, y la verdad los hará libres.

Juan 8:31-32 (NTV)

Claro que me doy cuenta de que son descendientes de Abraham. Aun así, algunos de ustedes procuran matarme porque no tienen lugar para mi mensaje en su corazón. 38 Yo les cuento lo que vi cuando estaba con mi Padre, pero ustedes siguen el consejo de su padre.

Juan 8:37-38 (NTV)

Los que pertenecen a Dios escuchan con gusto las palabras de Dios, pero ustedes no las escuchan porque no pertenecen a Dios.

Juan 8:47 (NTV)

Ahora en las escrituras, Jesús les habla a los judíos, quienes supuestamente deben estar meditando en la Palabra, respirando y viviendo la Palabra de Dios. Pero Jesús es más que la Palabra escrita, El es la Palabra Viviente quien está en frente del pueblo hablándoles de escuchar y mantenerse en la palabra de verdad.
El pueblo tiene oídos naturales para escuchar, pero sus corazones están cerrados. Se niegan a oír y están llenos de terquedad. Esto es lo que le sucede a muchos buenos cristianos de hoy. Muchas veces la verdad viene a nosotros en formas diferentes de la que estamos acostumbrados. Al igual que Jesús, quien vino a su pueblo como la Palabra Viviente, no lo recibieron aun cuando El fue el autor de la Palabra Escrita.
Es muy difícil acercarse a las personas tercas, y esa es la razón por la cual me sentí tan impotente cuando Dios me dio el sueño, el cual

puso la terquedad como el diente del centro del tridente del diablo. Una de las cosas que detesto es el discutir con las personas. Debo confesar que no soy de los que van de atrás para adelante argumentando y tratando de defender mi punto de vista. Soy así porque sé que cuando alguien se niega a escuchar, no hay forma de convencerlo con argumentos humanos. Por eso es que me sentí tan decepcionado como predicador de la Palabra de Dios, frustrado, porque mi pueblo, el cual amo y me preocupo, no era ni siquiera capaz de escuchar la voz de libertad debido a su terquedad.

Por favor, lean estas escrituras acerca de la terquedad:

Para que la siguiente generación las conociera —incluso los niños que aún no habían nacido—, y ellos, a su vez, las enseñarán a sus propios hijos. De modo que cada generación volviera a poner su esperanza en Dios y no olvidara sus gloriosos milagros, sino que obedeciera sus mandamientos. Entonces no serán obstinados, rebeldes e infieles como sus antepasados, quienes se negaron a entregar su corazón a Dios.

Salmos 78:6-8 (NTV)

Pero al morir el juez, la gente no solo volvía a sus prácticas corruptas, sino que se comportaba peor que sus antepasados. Seguía a otros dioses: los servía y les rendía culto. Además se negaba a abandonar sus prácticas malvadas y sus tercos caminos.

Jueces 2:19 (NTV)

Sus antepasados se negaron a escuchar este mensaje. Volvieron la espalda tercamente y se taparon los oídos para no oír. 12 Endurecieron su corazón como la piedra para no oír las instrucciones ni los mensajes que el SEÑOR de los Ejércitos Celestiales les había enviado por su Espíritu por medio de los antiguos profetas. Por eso el SEÑOR de los Ejércitos Celestiales se enojó tanto con ellos.

Zacarías 7:11-12 (NTV)

Otra historia acerca de un hombre bien terco, es la de Jonás, el cual no quiso escuchar y obedecer la voz del Señor acerca de ir a predicar a Nínive. Sabemos cómo Jonás, luego de ser tragado por un pez enorme, va y finalmente predica. Además, lo que él había anticipado anteriormente, sucedió y esto le trajo gran angustia.

Yo opino que también Jonás baso su terquedad en la raíz del orgullo, pues parecía que él quería complacerse primero, antes de complacer los deseos justos y los juicios misericordiosos de Dios para con Nínive, cuando la perdono de la destrucción. Cuando el pueblo se arrepintió, Jonás más que molestarse se enfureció.

Pero esto desagradó a Jonás en gran manera, y se enojó. Y oró al Señor, y dijo: ¡Ah Señor! ¿No era esto lo que yo decía cuando aún estaba en mi tierra? Por eso me anticipé a huir a Tarsis, porque sabía yo que tú eres un Dios clemente y compasivo lento para la ira y rico en misericordia, y que te arrepientes del mal con que amenazas. Y ahora, oh Señor, te ruego que me quites la vida, porque mejor me es la muerte que la vida. Y el Señor dijo: ¿Tienes acaso razón para enojarte? (Jonás 4:1-4)

Nosotros debemos ser muy cuidadosos y no ser tercos al no escuchar lo que Dios quiere de nosotros aun cuando no estemos de acuerdo con lo que Dios nos pide que hagamos o con los resultados que esto pueda traer. Es también un corazón terco el que es comparado con un ídolo que no tiene habilidad de escuchar, contestar o responder a quien lo adora.

Sus antepasados se negaron a escuchar este mensaje. Volvieron la espalda tercamente y se taparon los oídos para no oír. 12 Endurecieron su corazón como la piedra para no oír las instrucciones ni los mensajes que el SEÑOR de los Ejércitos Celestiales les había enviado por su Espíritu por medio de los antiguos profetas. Por eso el SEÑOR de los Ejércitos Celestiales se enojó tanto con ellos.

Finalmente, permítanme lidiar con el tercer diente del tridente; la apatía.

Recuerden que es pecado saber lo que se debe hacer y luego no hacerlo.

Santiago 4:17 (NTV)

La apatía se define como:
1.   Falta de interés o preocupación, especialmente
con respecto de asuntos de importancia general
o interés; indiferencia.

2.   Falta de emoción o sentimientos;
impasibilidad. (3)

El desconectarse espiritual, emocional o físicamente de cosas de gran importancia define a muchas personas. Uno de los fenómenos de nuestros días, y hay estudios que apoyan esto, aun en situaciones de vida o muerte, es que hay personas que no se detienen a brindar ayuda a alguien que pudo haber sido ayudado o rescatado con un mínimo esfuerzo.
¿Qué le parece esto como apatía? Pero ve usted, no es la falta de habilidad, sino la pasión de movernos de un lugar de complacencia y conveniencia. La parte que mas me asusta es que, lo que comienza como apatía y el negarse a movernos, mas tarde se convierte en inhabilidad para movernos pues, como cualquier parte del cuerpo que no ejercitamos, nuestra fuerza y músculos se deterioran de tal modo que nos inmovilizamos.
Esto es ciertamente lo que me preocupó en el sueño que tuve. En el sueño, el diablo usaba la apatía para causar que la fuerza del pueblo de Dios se deteriorase de tal modo que no se pudieran

levantar y luchar! Permítanme darles un ejemplo de esto. Si usted es una persona que va a la iglesia, debe saber que todas las iglesias están necesitadas de gente que se involucre y ayude en las áreas o actividades de la iglesia. Esto es verdad para todas las iglesias sin importa su tamaño.

¿Ha escuchado usted, alguna vez, acerca del principio 20/80? Este principio dice que el 20% de las personas son las que hacen el trabajo, mientras que el 80% disfrutan de los beneficios. ¿Por qué esto es así? Este principio no aplica solamente a iglesias; esta donde quiera que usted vaya. En la mayoría de los casos, el trabajo es hecho por unos pocos, mientras que la mayoría o el 80% es apática y no le importa qué o quién clame por ayuda, estos se rehúsan a mover un dedo sin importar cuán urgente sea la necesidad. Recuerde, la apatía dice, "no me muevo". No es que no se puedan mover, más bien, se rehúsan a hacerlo aun sabiendo que es correcto. Es por eso que Santiago define a las personas que sabiendo cómo hacer algo se rehúsan a hacerlo como apáticas. Esto no solamente está mal, sino que según Santiago, es un pecado de omisión.

Ahora bien, esta actitud viene con unas tendencias preocupantes. Por una sola vez que una persona rehúsa a moverse, se torna seca y esa falta de uso, causa que la elasticidad de los músculos espirituales se deteriore. Creo que la apatía puede dar lugar a otra condición conocida como:

Atrofia: n. pl. at·ro·phies

1. Patología: Una pérdida o disminución en tamaño de un órgano del cuerpo, tejido, o parte debido debido a enfermedad, lesión, o falta de uso: Atrofia muscular en una persona afectada por parálisis.

2. Una pérdida o disminución o deterioro: atrofia Intelectual

v. a·tro·fiado, a·tro·fi·ar, a·tro·fias.
v.tr.
Causa de descomposición o deterioro; afectado
por atrofia.
v.intr.
Dejarse perder, marchitarse o deteriorarse.(4)

La atrofia ocurre de acuerdo a la definición de dejarse perder o
deteriorarse debido a falta de uso. Me recuerda al hombre de la
mano seca, que debido a la falta de uso y humedad, esa mano era
imposible de utilizar, excepto a través de un milagro de Jesús.
Las escrituras nos enseñan en Lucas 6 que la mano derecha de este
hombre en griego estaba:
Xēros 1) seca
a.   De miembros del cuerpo que han sido privados de
sus jugos naturales, encogidos, marchitados o
echados a perder.
b.   De la tierra a diferencia del agua.

La tradición nos dice que este hombre era un albañil y necesitaba
su mano derecha dominante, para poner los ladrillos y construir. La
mano derecha no había sido usada en tanto tiempo, que era
virtualmente imposible para él que hiciere lo que Jesús le estaba
ordenando.

 Jesús sana en el día de descanso
6 Otro día de descanso, un hombre que tenía la mano derecha
deforme estaba en la sinagoga mientras Jesús enseñaba. 7 Los
maestros de la ley religiosa y los fariseos vigilaban a Jesús de
cerca. Si sanaba la mano del hombre, tenían pensado acusarlo por
trabajar en el día de descanso. 8 Pero Jesús sabía lo que pensaban y

le dijo al hombre con la mano deforme: «Ven y ponte de pie frente a todos». Así que el hombre pasó adelante.9 Entonces Jesús les dijo a sus acusadores: «Tengo una pregunta para ustedes: ¿Permite la ley hacer buenas acciones en el día de descanso o es un día para hacer el mal? ¿Es un día para salvar la vida o para destruirla?». 10 Miró uno por uno a los que lo rodeaban y luego le dijo al hombre: «Extiende la mano». Entonces el hombre la extendió, ¡y la mano quedó restaurada!

Lucas 6:6-10 (NTV)

Lo que Jesús le estaba pidiendo a este hombre, que estirara su brazo, él no lo podía hacer. Debido a la falta de humedad, su brazo era ahora nada más que un pedazo de piel curtida y huesos. Esta es una imagen de lo que sucede cuando no permitimos que el agua y la humedad de la Palabra de Dios, fluyan en nuestras vidas, cuando no estamos haciendo, como cristianos, lo que sabemos que deberíamos estar haciendo. Esta apatía, ahora lleva a otro nivel a la voluntad manifestándose como atrofia, y esto se ha convertido en algo aceptable a la cristiandad. Ya no tenemos personas responsables, su falta de actividad y obediencia, es aceptado, y se ha convertido en algo normal en la iglesia. Esto es realmente un pecado de omisión.

Recuerden que es pecado saber lo que se debe hacer y luego no hacerlo.

Santiago 4:17 (NTV)

Pero ya que eres tibio, ni frío ni caliente, ¡te escupiré de mi boca!

Apocalipsis 3:16 (NTV)

Lo que el Señor me mostro acerca del tridente del diablo, es que fue la rebelión, la terquedad y la apatía sobre el tallo del orgullo, lo que estaba robando a la iglesia su eficacia y su misión de ir y hacer discípulos a todas las naciones. La iglesia, para muchos, ha sido nada más que un lugar para dormir en el medio de una gran cosecha. No podemos permitirnos ahora, que seamos afectados con el sueño de la apatía.

Los justos se llenan de bendiciones; las palabras de los perversos encubren intenciones violentas.

Proverbios 10:6 (NTV)

El corazón de nuestro Divino Padre siempre ha estado inclinado hacia la multiplicación de la familia de Dios. Sin embargo, en medio de muchas promesas de avivamiento y salvación del mundo, vemos a un enemigo real trabajando para mantener a la iglesia en un estado de apatía, sin permitirle ejercitar los músculos espirituales y el poder, que por gracia se le ha sido dada para esta hora.
Tal vez esta es la razón por la cual Jesús dijo:

«La cosecha es grande, pero los obreros son pocos. 38 Así que oren al Señor que está a cargo de la cosecha; pídanle que envíe más obreros a sus campos».

Mateo 9:37-38 (NTV)

¿Sera que el Señor ya sabe cuán apático se ha vuelto su pueblo? ¿Qué pudiera cambiar esto? Dios, ¿me puedes mostrar cómo puedo llevar a tu pueblo fuera de esta apatía? Tal vez el "salir de la apatía" significa primeramente el entender que la mejor parte de la iglesia duerme y necesita ser despertada.

Digan a las naciones de todas partes: « ¡Prepárense para la guerra! Llamen a sus mejores hombres de guerra. Que todos sus combatientes avancen para el ataque. 10 Forjen las rejas de arado y conviértanlas en espadas, y sus herramientas para podar, en lanzas. Entrenen aun a los más débiles para que sean guerreros. 11 Vengan pronto, naciones de todas partes. Reúnanse en el valle». ¡Y ahora, oh SEÑOR, llama a guerreros! 12 «Que las naciones se movilicen para la guerra. Que marchen hacia el valle de Josafat. Allí, yo, el SEÑOR, me sentaré para pronunciar juicio contra todas ellas. 13 Den rienda suelta a la hoz, porque la cosecha está madura. Vengan, pisen las uvas, porque el lagar está lleno y los barriles rebosan con la perversidad de esas naciones».

Joel 3:9-13ª (NTV)

Por favor, únanse a mí para despertar a la iglesia y llevarla nuevamente a vivir en el poder de la humildad y decir basta a lo que nos está matando! Digámosle no al tridente del infierno y recordemos lo que verdaderamente el enemigo quiere que digamos y creamos:

- *La rebelión dice, "No obedeceré."*
- *La terquedad dice, "No escuchare."*
- *La apatía dice, "No me moveré."*
- *El orgullo dice, "Estoy lleno."*

¿Ahora, dirá usted conmigo lo que el "Menguando para Crecer" del corazón humilde diría para reemplazar la mentira del enemigo con la verdad?

- *Mi humilde corazón dice, "Obedeceré."*
- *Mi humilde mente dice, "Escucharé."*
- *Mi humilde voluntad dice, "me muevo hacia delante."*
- *Mi humilde vida dice, "haré espacio para la Gracia."*

"Sin embargo, el nos da aun más gracia, para que hagamos frente a esos malos deseos. Como dicen las Escrituras: Dios se opone a los orgullosos pero muestra su favor a los humildes. "Santiago 4:6 NTV

CAPÍTULO CUATRO:

La Vida Humilde de Menguando Para Crecer

La PROFUNDA, Y CREO YO escondida verdad, es que el cielo busca y añora a aquellos que vivirán en el principio de la humildad. Nuevamente, el principio de la humildad es "El poder nunca está en mi habilidad, sino en la fuerza de Dios que viene al menguar y humillarme, dando voluntariamente lugar para la gracia."

Miremos las escrituras y veamos lo que la Biblia realmente nos enseña y lo que no nos enseña acerca de lo que es humildad y lo que no lo es. Hay una idea dando vueltas acerca de la humildad que no es congruente con las enseñanzas de la Biblia y ha confundido a muchos al creer en lo que se conoce como falsa humildad. Esta falsa humildad sucede cuando algunos, se hacen pasar por humildes, para su propia ganancia egoísta, cuando en realidad buscan la aceptación, el amor y la alabanza de aquellos a quienes impresionan con su vida de falsa humildad.

Esto también nos lleva a otro error acerca de la enseñanza y el mal entendimiento de la verdadera humildad bíblica, la cual no nos enseña el "odiarse a si mismo" o no darle el reconocimiento apropiado a los dones y talentos que tienen todas las personas como regalos que provienen de Dios mismo. La Biblia claramente nos enseña que fuimos creados a imagen y semejanza de Dios y que "asombrosa y maravillosamente he sido hecho". Mira esta traducción:

"Te alabare, porque asombrosa y maravillosamente he sido hecho; maravillosas son tus obras, y mi alma lo sabe muy bien."
Salmos 139:14 (LBLA)

Así que el odiarte a ti mismo y llamarlo ser humilde o el no aceptar la grandeza de lo que está en ti no es lo que se considera el vivir humildemente. En verdad, las escrituras enseñan el poder de una vida humilde que es tan asombroso y poderoso que a mi entender, el enemigo ha tratado de esconder esta revelación de manera que pueda mantener al pueblo viviendo en tinieblas acerca del cómo Dios desea que realmente vivamos. Un ejemplo de esto se encuentra en esta escritura:

"Oh pueblo mío, ¿qué te he hecho? ¿Qué he hecho para que te canses de mí? ¡Contéstame! 4 Yo te saqué de Egipto y te redimí de la esclavitud. Envié a Moisés, a Aarón y a Miriam para ayudarte. 5 ¿No te acuerdas, pueblo mío, cómo el rey Balac de Moab intentó que te maldijeran y cómo, en lugar de eso, Balaam hijo de Beor te bendijo? Recuerda tu viaje de la arboleda de Acacias a Gilgal, cuando yo, el SEÑOR, hice todo lo posible para enseñarte acerca de mi fidelidad". 6 ¿Qué podemos presentar al SEÑOR? ¿Debemos traerle ofrendas quemadas? ¿Debemos inclinarnos ante el Dios Altísimo con ofrendas de becerros de solo un año? 7 ¿Debemos ofrecerle miles de carne y diez mil ríos de aceite de oliva? ¿Debemos sacrificar a nuestros hijos mayores para pagar por nuestros pecados? 8 ¡No! Oh pueblo, el SEÑOR te ha dicho lo que es bueno, y lo que él exige de ti: que hagas lo que es correcto, que ames la compasión   y que camines humildemente con tu Dios.
Miqueas 6:3-8 (NTL)

El profeta le está dejando saber al pueblo como Dios les ha mostrado su fidelidad a pesar de los muchos obstáculos y oportunidades que se han interpuesto y tratado de detenerlos. El habla de la liberación de Egipto y de las ataduras de la esclavitud de las que fueron liberados, y cómo, después que salieron de Egipto, fueron protegidos de la maldición del Rey Balac y de la forma cómo Dios convirtió la maldición en bendición. Miqueas le deja saber al pueblo que no es con lo que ellos le puedan dar a Dios lo que les hace justos, sino que El siempre será fiel para darles lo que necesitan y solo requiere algo mínimo de nosotros. Ese algo mínimo se encuentra en la última parte del versículo cuando el profeta dice que Dios desea que hagas "lo que es correcto", lo que ya usted sabe que debe hacer en cuanto a amar y ser misericordioso. La escritura termina con un llamado a vivir verdaderamente caminando en humildad con Dios.

Encuentro esto interesante porque el llamado a vivir en humildad es una vida de aventura, y no aburrida. Es una vida de gozo. La palabra hebrea חֶסֶד checed significa una vida donde se puede asociar con Dios para dar buenas cosas a aquellos que no se las merecen y amarles incondicionalmente. Es en realidad la bondad amorosa y la gracia de Dios. Aquí, la escritura nos enseña que una vida humilde es una que abraza las cualidades y características de un Dios amoroso y lleno de gracia, viviendo así y caminando mano a mano con el Creador. Esta vida humilde no es una de autodegradación, abnegación, o egoísmo. En lugar de eso, es una que reconoce las posibilidades de hacer y vivir en el corazón de Dios, haciendo siempre lo que es justo y recto mientras caminamos humildemente con Dios. Es en el andar humilde que se nos ofrece lo que necesitamos para impartir a otros. Es en este caminar humilde, que estaremos haciendo espacio para Dios y su gracia, la cual todos desesperadamente necesitamos. Ahora, esto es solo el comienzo. Demos un vistazo a esto:

"14…si se humillare mi pueblo, sobre el cual mi nombre es invocado, y oraren, y buscaren mi rostro, y se convirtieren de sus malos caminos; entonces yo oiré desde los cielos, y perdonare sus pecados y sanare su tierra. 15. Ahora estarán   abiertos mis ojos y atentos mis oídos a la oración de este   lugar;…

1 Crónicas 7:14-15 (RVR60)

Esta escritura es una de las más usadas en reuniones de oración y en todo lugar en donde queremos enfatizar la importancia de la oración y el avivamiento de una nación. Debido a que siempre hemos visto esta escritura a la luz de la oración, quizás hemos perdido de vista algo debido al enfoque estrecho que hemos tenido. En esta escritura todos los que llevan y son llamados por el nombre de Dios es Israel porque aun en Hebreo el nombre "Israel" se encuentran las letras אל El, las cuales significan Dios. Entonces Israel, quien está marcado como el pueblo de Dios, debe hacer más que solo llevar el nombre como un símbolo de honor, pero debe también, como pueblo, asumir una posición de humildad ante Dios. Ahora todas las veces que he leído y escuchado esta escritura siendo predicada, debo confesar que lo he hecho mayormente con un enfoque estrecho hacia la oración, buscando el rostro de Dios y apartándome de la maldad. Pero, puede usted notar que la primera parte de esta escritura es un llamado a la humildad. De hecho, ¿si esta parte no se hace, entonces podría ser posible que la parte de buscar el rostro de Dios y el apartarse de la maldad no produzca resultado alguno o tal vez un resultado mínimo? Algunos de ustedes quizás dirán: "Pero Pastor, Dios nos escucha siempre que oramos." Si esto es cierto, entonces por qué está escrito:

"Dice pues el Señor: Porque este pueblo se acerca a mí con su boca, y con sus labios me honra, pero su corazón está lejos de mí, y su temor de mi no es más que un mandamiento de hombres que les ha sido enseñado;

Isaías 29:14 (RVR60)

Jesús mismo citó este versículo de Isaías en Mateo 15:8 y Marcos 7:6. La verdad es que muchos claman buscar el rostro de Dios y alejarse de la maldad, pero sin humillarse o sin un corazón humilde, estos serán resistidos por Dios. Observen lo que nos enseña proverbios:

"ciertamente el escarnecerá a los escarnecedores, y a los humildes dará gracia."

Proverbios 3:34 (RVR60)

Esta escritura es la que da base a la que Santiago y Pedro citaron acerca de que Dios resiste a los orgullosos y da gracia a los humildes. Por alguna razón la iglesia se ha negado a vivir en humildad. Pero lo que algunos han fallado en comprender es que la única forma en que Dios nos escucha cuando oramos es cuando nos humillamos primeramente ante El. Dios es el Creador y Controlador del universo y nosotros ¿creemos que podemos venir con arrogancia y orgullo ante su trono y esperar que El nos escuche? Sin humildad y reverencia esperamos que nuestras agendas auto-céntricas y egoístas sean atendidas por Dios. ¡No lo creo así! Le diré que es lo que Dios atiende inmediatamente; un corazón humilde.

Cuando Salomón dedico el templo a Dios habló a su pueblo acerca de dejar que el espíritu de humildad fuese lo primero, inclusive antes de orar, buscar Su rostro, o alejarse del mal. Hoy en día pensamos que ser humilde es algo opcional, como el poner una porción de mayonesa o un pepino en una hamburguesa. Y no entendemos, "¡No humildad, no hamburguesa¡" (Lamento esta metáfora de comida. Quizás me está dando hambre mientas escribo.) Ahora bien, profundicemos un poco y veamos ¿que más tiene Dios que decir acerca de la humildad?

"El deseo de los humildes oíste, oh Jehová; Tu dispones su corazón, y haces atento sus oídos

Salmos 10:17 (RVR60)

¡Que verso tan asombroso el que encontramos en los Salmos! Aun el deseo de los humildes será escuchado y el corazón humilde será dispuesto, y en el hebreo es la palabra כּוּן "kuwn" Esto significa que el corazón humilde será ¡firme, estable, y establecido! Los corazones de muchos son inestables y faltos de fundamento, sin embargo Dios promete a los humildes que sus corazones estarán en tierra firme y segura. ¡Wow¡ Que 'beneficioso' es el vivir humildemente. Un corazón humilde es un corazón que dice Dios que él lo hará seguro, firme y establecido. La palabra "kuwn" también significa el tener las cosas arregladas y en orden. Si mas personas se humillaran, entonces más personas estarían seguras, firmes y establecidas en las cosas de Dios en vez de estar vagando en el desierto de la inseguridad. Finalmente, el oído de Dios estará literalmente mas "agudo" y "prestara atención" a aquellos que oren con un corazón humilde. No sé si usted, pero yo realmente quiero que Dios me ponga atención cuando oro. Espero que comience a ver la importancia de ser humilde en su relación con Dios. La vida en humildad empieza con un corazón que responde y es tierno ante Dios y nunca está lleno de orgullo ni arrogancia. Porque así dijo el Alto y Sublime, el que habita en la eternidad, y cuyo nombre es el Santo: Habito en lo alto y santo, y también con el contrito y humilde de espíritu, para vivificar el espíritu de los humildes y para vivificar el corazón de los contritos. (Isaías 57:15, LBLA)

¿Sabe que Dios es el Dios Todopoderoso, el Alfa y la Omega, el Principio y el Fin, y el que está sobre toda cosa, pues es el Creador de todo? Sin embargo, este Dios que es omnipotente escogió morar entre un pueblo humilde. De hecho, cuando usted vive una vida en humildad, estará viviendo cerca de Dios. ¡Es cierto! Dios está cerca del humilde. Muchos de ustedes habrán escuchado acerca de los tiempos de avivamiento en la historia de la iglesia. ¿Pudiera ser que ese avivamiento llegó a aquellos que eran humildes porque ellos hicieron espacio para ese avivamiento? Esta escritura en Isaías dice que Dios revivirá el espíritu de aquellos que se hacen humildes y se han contristado ante él. Debemos, pues, tomar unos minutos para explicar esto. La palabra en hebreo para "habitar" es וכש shakan. Significa que Dios escoge morar y vivir con aquellos que son humildes y "contrito" אכד dakka' que es la palabra para "verdaderamente molido", "roto en pequeños pedazos", y literalmente "polvo." Dios dice que la clase de personas que él escoge para vivir, son los que comprenden cuan pequeños y menguados son y cuán grande y asombroso es Dios. Estas son personas a quienes Dios quiere revivir.

Esto se repite en el hebreo dos veces en estas escrituras que el avivamiento le pertenece a aquellos que se hacen pequeños y humildes en relación a la grandeza de Dios. Ahora, no estoy hablando de que te hagas pequeño ante los ojos del hombre. Hay momentos en tu vida en que por el bien de Cristo o del Reino que usted se humillará ante un hombre, pero en realidad, es solo en apariencia el que parezca que se humilla ante el hombre pero es ante Dios a quien se humilla. Ahora, esta escritura de Isaías es, a mi entender, la que Jesús uso como referencia al decir "es mejor caer sobre la roca, antes de dejar que la roca caiga sobre usted."

"Y el que caiga sobre esta piedra, será hecho pedazos; pero sobre quien ella caiga, lo esparcirá como polvo."

Mateo 21:44 (LBLA)

Nuevamente, es el deseo de Dios que nos humillemos y hagamos que nuestro orgullo se rompa ante El antes de dejar que el peso de la grandeza de Dios caiga sobre nosotros como le paso al Faraón, quien rehusó dejar ir al pueblo de Dios de la esclavitud de Egipto. El orgullo siempre causará que Dios nos resista y eventualmente ningún hombre podrá pararse ante la presencia de Dios sin antes humillarse. Un ejemplo de esto se encuentra en Levíticos describiendo que le sucedería a los hijos de Israel si se rehusaran a ser humildes y obedecer la palabra de Dios.

"También quebrantare el orgullo de tu poderío, y hare tus cielos como hierro, y tu tierra como bronce. Y tus fuerzas se consumirán en vano, porque tu tierra no dará su producto y los arboles de la tierra no darán su fruto. Y si proceden con hostilidad contra mí y no quieren obedecerme, aumentare la plaga sobre ustedes siete veces conforme a sus pecados."

Levítico 26:19-21 (LBLA)

Ahora pues, estoy escribiendo esto a aquellos que vivirán en el poder de la humildad. No pretendo traerlos de regreso a una mentalidad de temor según el Antiguo Testamento, pero la realidad de la palabra de Dios es la misma de todas maneras concerniente al que vive en orgullo o a aquellos quienes vivirán en humildad. ¡Sigamos profundizando! Observen lo que el profeta Samuel le dijo al Rey Saúl:

"Y dijo Samuel: Aunque eras pequeño en tus propios ojos, ¿no has sido hecho jefe de las tribus de Israel, y Jehová te ha ungido por rey sobre Israel?

1 Samuel 15:17 (RVR60)

Cuando Saúl era joven, era humilde y no tenía problema el hacerse así mismo inferior, pero ahora que es mayor y es el rey ungido, deja de ser humilde. Quería el reconocimiento y la recompensa que los hombres le podían dar. No reinó en humildad. En cambio, utilizó su autoridad para desobedecer lo que Dios le ordeno hacer. En ese mismo pasaje de la escritura, todo lo que a Saúl le importaba era que el pueblo le honrase como rey. Hasta hizo que el profeta caminara con el pretendiendo adorar al Señor. Y ahora, puesto que Saúl no se humillo ante Dios, al ser confrontado con su desobediencia y pecado, perdió su reinado, y este fue dado luego a un hombre llamado David. Aunque David no era perfecto, era un hombre humilde. Ahora, si fuéramos a contar el número de pecados de cada uno, encontraríamos que David fue más desobediente que Saúl. Por años, he enseñado en mi iglesia, y muchos de ustedes habrán escuchado que "David era un hombre conforme al corazón de Dios."

"1 Entonces ellos pidieron un rey, y Dios les dio a Saúl, hijo de Cis, varón de la tribu de Benjamín, durante cuarenta años. 22 Después de quitarlo, les levantó por rey a David, del cual Dios también testificó y dijo: "HE HALLADO A DAVID, hijo de Isaí, UN HOMBRE CONFORME A MI CORAZON, que hará toda mi voluntad"."

Hechos 13:21-22 (LBLA)

Ahora, ¿cómo puede ser posible que un hombre conforme al corazón de Dios fuera un adultero, un asesino de muchos y un padre desconectado de sus propios hijos? Yo no sé si David califica como un hombre al cual le pida a la gente que lo sigan como un hombre conforme al corazón de Dios basado en todas las fallas humanas. Entonces, tenemos a dos hombres quienes ambos traen un historial de desobediencia a Dios, excepto que uno es recibido por Dios y es exaltado como uno de los más grandes reyes de Israel y el otro fue desechado por Dios. ¿Por qué? Igualmente, ustedes los menos experimentados, sujétense a sus líderes. Más aun, todos ustedes deben revestirse de humildad los unos a los otros, porque Dios se opone al arrogante, pero le da gracia al humilde. Entonces, humíllense bajo la mano poderosa de Dios, para que él los exalte cuando fuere tiempo. (1 Pedro 5:5-6) Ahora veamos la diferencia entre la forma como David y Saúl respondieron cuando fueron confrontados por el profeta acerca de cada una de sus desobediencias. Veamos primeramente la historia de Saúl:

10 Luego el SEÑOR le dijo a Samuel: 11 «Lamento haber hecho a Saúl rey, porque no me ha sido leal y se ha negado a obedecer mi mandato». Al oírlo, Samuel se conmovió tanto que clamó al SEÑOR durante toda la noche.12 Temprano a la mañana siguiente Samuel fue a buscar a Saúl. Alguien le dijo: «Saúl fue a la ciudad de Carmelo a levantar un monumento en su propio honor y después continuó a Gilgal».13 Cuando por fin Samuel lo encontró, Saúl lo saludó con alegría. —Que el SEÑOR te bendiga —le dijo—. Llevé a cabo el mandato del SEÑOR.14 —Entonces, ¿qué es todo ese balido de ovejas y cabras, y ese mugido de ganado que oigo? —le preguntó Samuel.15 —Es cierto que los soldados dejaron con vida lo mejor de las ovejas, las cabras y el ganado — admitió Saúl—, pero van a sacrificarlos al SEÑOR tu Dios. Hemos destruido todo lo demás.16 Entonces Samuel le dijo a Saúl: — ¡Basta! ¡Escucha lo que el SEÑOR me dijo anoche!— ¿Qué te dijo? —preguntó Saúl.17 Y Samuel le dijo: —Aunque te tengas en poca estima, ¿acaso no eres el líder de las tribus de Israel? El SEÑOR te ungió como rey de Israel, 18 te envió en una misión y te dijo: "Ve y destruye por completo a los pecadores —a los amalecitas— hasta que todos estén muertos". 19 ¿Por qué no obedeciste al SEÑOR? ¿Por qué te apuraste a tomar del botín y a hacer lo que es malo a los ojos del SEÑOR?20 — ¡Pero yo sí obedecí al SEÑOR! —Insistió Saúl—. ¡Cumplí la misión que él me encargó! Traje al rey Agag, pero destruí a todos los demás. 21

Entonces mis tropas llevaron lo mejor de las ovejas, de las cabras, del ganado y del botín para sacrificarlos al SEÑOR tu Dios en Gilgal.22 Pero Samuel respondió: — ¿Qué es lo que más le agrada al SEÑOR: tus ofrendas quemadas y sacrificios, o que obedezcas a su voz? ¡Escucha! La obediencia es mejor que el sacrificio, y la sumisión es mejor que ofrecer la grasa de carneros.23 La rebelión es tan pecaminosa como la hechicería, y la terquedad, tan mala como rendir culto a ídolos.

Así que, por cuanto has rechazado el mandato del SEÑOR, él te ha rechazado como rey.

1 Samuel 15: 10-23 (NTV)

Vemos aquí como Saúl está erigiendo un monumento para sí mismo en el poblado de Carmel, el profeta Elías destruye 850 falsos profetas de Baal y Asera. Entonces, cuando el profeta Samuel confronta a Saúl porque no estaba siguiendo las órdenes de Dios, el no se arrepiente sino que niega su desobediencia y se justifica diciendo que su desobediencia era para un propósito justo, el dejar lo mejor para sacrificarlo a Dios. Escuche una vez una cita de Cindy Trimm que decía "una excusa no es otra cosa que una mentira envuelta en una piel de razón." Saúl invento excusas para sus pecados y perdió todo lo que lo fue dado al olvidarse de la humildad de sus comienzos.

De hecho, cuando leemos la historia de David, encontramos que él también tuvo pequeños comienzos al cuidar de las ovejas de su padre en el campo, y cuando el profeta Samuel llamó a todos los hijos de Isaí para la cena, el mismo padre de David no lo invito pues no lo considero como un posible candidato a futuro rey. Así, desde pequeño, David reconocería la grandeza de Dios en su vida y nunca se sintió con la necesidad de levantarse o hacer algo basado en sus propias fuerzas. David vivió una vida humilde y observó como Dios le fue llevando desde ser un pastor de ovejas a estar en el palacio del rey, haciéndolo yerno del rey y el capitán de los ejércitos de Judá. Luego de muchos años de correr y esconderse en el desierto del loco y narcisista Rey Saúl, David sabia que un día el seria rey, pues había sido ungido con aceite por el profeta cuando era joven. Le tomo varios años y una poderosa historia de redención para que David tomara el trono, pero ¿qué clase de Rey iba a ser? ¿Seguiría David el camino de dominación y control que el Rey Saúl había establecido, o seria David otro tipo de rey diferente? En la vida y en la Biblia, no es como comenzamos lo que nos define sino como terminamos. Mucha gente, como David y Saúl, empezaron bien y con las mejores intenciones. No conozco de una relación matrimonial que haya terminado porque los lazos de amor eran demasiado fuertes al principio. La relación terminó porque el amor no se mantuvo lo suficientemente fuerte y al final era más amargo el trago que dulce. En el caso de Saúl y David, sabemos que Saúl tuvo un final amargo, fue derrotado y dado por muerto junto a su hijo y su futura posteridad puesta en peligro. Mientras que David, quien comenzó bien, cae en problemas cuando una bella y muy casada mujer llamada Betsabe lo distrajo. David hizo más que ser meramente un mirón. El permitió que su lujuria lo levara a cometer adulterio con Betsabe y más adelante matar a su esposo, Urías junto a otros en un encubierto asesinato enviándolo al frente de batalla, todo esto maquinado por el corazón de David.

Ah, por cierto, este es el mismo hombre que Dios dijo que era "conforme a mi corazón." ¿Está usted pensando lo que yo estoy pensando? ¡David, en medio de su reinado, está utilizando su poder por sí mismo! Está utilizando su autoridad real para cometer adulterio y homicidio, y hasta se parece a algunos líderes de naciones de los que decimos ser diabólicos y poseídos por demonios. Ahora miremos lo que sucede cuando el profeta Natán confronta a David,

Por lo tanto, el SEÑOR envió al profeta Natán para que le contara a David la siguiente historia: —Había dos hombres en cierta ciudad; uno era rico y el otro, pobre. 2 El hombre rico poseía muchas ovejas, y ganado en cantidad. 3 El pobre no tenía nada, solo una pequeña oveja que había comprado. Él crió esa ovejita, la cual creció junto con sus hijos. La ovejita comía del mismo plato del dueño y bebía de su vaso, y él la acunaba como a una hija. 4 Cierto día llegó una visita a la casa del hombre rico. Pero en lugar de matar un animal de su propio rebaño o de su propia manada, tomó la ovejita del hombre pobre, la mató y la preparó para su invitado. 5 Entonces David se puso furioso. — ¡Tan cierto como que el SEÑOR vive —juró—, cualquier hombre que haga semejante cosa merece la muerte! 6 Debe reparar el daño dándole al hombre pobre cuatro ovejas por la que le robó y por no haber tenido compasión. 7 Entonces Natán le dijo a David: — ¡Tú eres ese hombre! El SEÑOR, Dios de Israel, dice: "Yo te ungí rey de Israel y te libré del poder de Saúl. 8 Te di la casa de tu amo, sus esposas y los reinos de Israel y Judá. Y si eso no hubiera sido suficiente, te habría dado más, mucho más. 9 ¿Por qué, entonces, despreciaste la palabra del SEÑOR e hiciste este acto tan horrible? Pues mataste a Urías el hitita con la espada de los amonitas y le robaste a su esposa. 10 De ahora en adelante, tu familia vivirá por la espada porque me has despreciado al tomar a la esposa de Urías para que sea tu mujer". 11 »Esto dice el SEÑOR: "Por lo que has hecho, haré que tu propia familia se rebele en tu contra. Ante tus propios ojos, daré tus mujeres a otro hombre, y él se acostará con ellas a la vista de todos. 12 Tú lo hiciste en secreto, pero yo haré que esto suceda abiertamente a la vista de todo Israel". David confiesa su culpa 13 Entonces David confesó a Natán: —He pecado contra el SEÑOR. Natán respondió: —Sí, pero el SEÑOR te ha perdonado, y no morirás por este pecado.

2 Samuel 12:1-13 (NTV)

El profeta Natán confronta a David y David, contrario a Saúl, no invento excusas para sus pecados. El inmediatamente tomó responsabilidad de lo que había hecho y con un corazón arrepentido confesó sus pecados ante el Señor. En el libro de los Salmos vemos realmente a David con un corazón de verdadero arrepentimiento y remordimiento ante su Dios.

"Ten misericordia de mí, oh Dios, debido a tu amor inagotable; a causa de tu gran compasión, borra la mancha de mis pecados. Lávame de la culpa hasta que quede limpio y purifícame de mis pecados. Crea en mí, oh Dios, un corazón limpio y renueva un espíritu fiel dentro de mí. No me expulses de tu presencia y no me quites tu Espíritu Santo. Restaura en mí la alegría de tu salvación y haz que esté dispuesto a obedecerte. Entonces enseñaré a los rebeldes tus caminos, y ellos se volverán a ti. Perdóname por derramar sangre, oh Dios que salva; entonces con alegría cantaré de tu perdón. Desata mis labios, oh Señor, para que mi boca pueda alabarte. Tú no deseas sacrificios; de lo contrario, te ofrecería uno. Tampoco quieres una ofrenda quemada. El sacrificio que sí deseas es un espíritu quebrantado; tú no rechazarás un corazón arrepentido y quebrantado, oh Dios.

Salmos 51:1-2, 10-17 (NTV)

Ahora, ¿ve usted la diferencia entre el corazón de Saúl y el de David? ¿Ve usted lo que he venido aludiendo acerca de lo que estaba en el corazón de David que Dios amó y no pudo resistir? Voy a ser bien directo y decirle cual es la diferencia entre Saúl y David. ¡Saúl era orgulloso y David era humilde! Los dos comenzaron igual, pero David, cuando se dio cuenta de su error al actuar, regresó a su pequeño comienzo de humildad e inmediatamente se arrepintió, a diferencia de Saúl quien continúo dando excusas. Yo creo que el corazón de David es el corazón humilde y la vida de humildad que Dios quiere de nosotros hoy en día. Recuerde, no es como empezamos sino como terminamos lo que verdaderamente importa. Hay momentos en nuestras vidas cuando podemos perder nuestro camino y nos distraemos, pero eso no significa que todo se ha terminado para nosotros.

En nuestro caminar, lo importante no es la promesa de perfección sino la de redención. La perfección vendrá cuando Jesús regrese, pero mientras tanto, nuestro camino es uno que se alumbra cada vez más al caminar con Dios en el poder de la humildad. Mientras más vivamos en humildad, más permiso le damos a Dios para que trabaje en nosotros porque estamos en constante estado y lugar de recibir en vez de rechazar. Yo creo que el corazón que se humilla verdaderamente ante Dios es aquel que verá un avivamiento genuino. Nuevamente, este es el "Menguando para Crecer". En los días del avivamiento en las calles de Azusa, el líder era un hombre negro llamado William Seymour. Esto fue en los comienzos del siglo veinte, y existía mucho prejuicio en esta nación.

En California, Dios empezó a moverse en una pequeña casa en la calle Bonnie Brae. La gente comenzó a llegar de todas partes del mundo y tuvieron que mudarse a un edificio destartalado estilo granero en el 916 de la calle Azusa. Fue allí donde este hombre negro, que tenía un solo ojo, se postraba en sus rodillas y metía su cabeza en una caja grande durante los servicios que duraban toda la noche. ¿Pueden imaginarse hoy en día ir a una iglesia en donde el pastor principal hiciera algo semejante? La gente estaría diciendo, "¿Dónde está el pastor?

Alguien pudiera decir, "Es el que tiene la cabeza metida en una caja y no sabemos cuando la sacara." Así es, eso fue lo que sucedió en la calle Azusa, y si no conoce la historia, ese pequeño y humilde lugar y ese hombre que se humillo de esa forma fue utilizado por Dios para esparcir el avivamiento, nacimiento y despertar que ha transformado la iglesia alrededor del mundo. Hay historias de milagros que sucedían mientras William Seymour permanecía humillado bajo la caja abriendo espacio para que Dios se manifestara.

De hecho, he escuchado que el avivamiento de Azusa realmente se detuvo después de que otros líderes convencieron a Seymour que no era un comportamiento aceptable como líder, el mantener su cabeza ¡dentro de una caja! Yo se que suena ridículo, pero quizás necesitamos lideres hoy día que sean tan humildes como lo fue Seymour. Si el avivamiento viene sobre el humilde según Isaías 57, mejor es que volvamos a vivir una vida de humildad. Quizás veamos algo más grande de lo que sucedió en Azusa. ¿Qué pasaría si comienza a vivir una vida de humildad? ¿Qué pasaría si la congragación en su iglesia comenzara a hacer algo similar? ¿Qué pasaría si fuéramos rápidos como David en arrepentirnos en vez de justificarnos como Saúl? Quizás Dios se está anticipando a la generación de 2 Crónicas 7:14; un pueblo que se humilla a sí mismo y no clama por nuestros líderes políticos y espirituales para que se humillen, cuando nosotros mismos no caemos en la roca y dejamos que esa roca, que es Cristo, dirija nuestros pasos en una vida de humildad. Aquellos que deciden vivir en humildad atraerán la gracia que el orgullo repele. Vivir la vida humilde de "Menguando para Crecer", es vivir en esta intención profética:

"Rasgad vuestro corazón y no vuestros vestidos, y convertíos a Jehová vuestro Dios porque misericordioso es y clemente, tardo para la ira y grande en misericordia, y que se duele del castigo."

Joel 2:13 (RVR60)

CAPÍTULO CINCO:

Una Muerte Larga Y Lenta!

EN LO CONCERNIENTE a los profetas del Antiguo Testamento no hay quizás ninguno mayor que Moisés, quien se conoce en el libro de Números como el hombre más humilde en la faz de la tierra. Le quiero llevar a través de la vida de Moisés y quisiera que escuchara y viera su historia, y por supuesto el destino profético que le fue dado desde antes de ser concebido en el vientre de su madre. De hecho, es ahí donde quisiera comenzar. Sabe, Moisés nació durante un periodo turbulento en la historia de la nación de Israel. Dios trajo a Israel a Egipto, específicamente al pueblo de Goshen, a través de una poderosa historia de redención cuando José, el hijo favorito de Jacob, es dado por muerto y vendido como esclavo en Egipto. Ahora José mismo era conocido como un soñador debido a los sueños que tenia y contaba a su familia. Los hermanos veían las revelaciones de estos sueños como arrogancia, y estos sueños confirmaron y fueron el combustible para la envidia, dado el favoritismo de Jacob por José.

El padre de José también le tejió una túnica de muchos colores que identificaba a José como su favorito, ya que también era hijo de Raquel, a quien Jacob amó más que a Lea, la madre de sus hermanos. La rivalidad familiar no es algo nuevo, pero no obstante la maldad que le fue hecha a José, Dios la uso para enviar a José a Egipto y eventualmente ser el segundo hombre más poderoso allí.

Debido a una hambruna mundial, Jacob envió a sus hijos a comprar comida a Egipto. Fue ahí en donde José eventualmente se rebeló a sí mismo a sus hermanos y manifestó su amor hacia ellos a pesar de la maldad que le habían hecho. José envió carretas con sus hermanos para que buscaran a su Padre y a todos sus parientes que vivían en Goshen y los trajeran donde José sabia que iban a ser bien cuidados. La Biblia dice así:

Entretanto, se levantó sobre Egipto un nuevo rey que no conocía a José; y dijo a su pueblo: 9 He aquí, el pueblo de los hijos de Israel es mayor y más fuerte que nosotros. 10 Ahora, pues, seamos sabios para con él, para que no se multiplique, y acontezca que viniendo guerra, él también se una a nuestros enemigos y pelee contra nosotros, y se vaya de la tierra. 11 Entonces pusieron sobre ellos comisarios de tributos que los molestasen con   sus cargas; y edificaron para Faraón las ciudades de almacenaje, Pitón y Ramsés. 12 Pero cuanto más los oprimían, tanto más se multiplicaban y crecían, de manera que los egipcios temían a los hijos de Israel. 13 Y los egipcios hicieron servir a los hijos de Israel con dureza, 14 y amargaron su vida con dura servidumbre, en hacer barro y ladrillo, y en toda labor del campo y en todo su servicio, al cual los obligaban con rigor. 15 Y habló el rey de Egipto a las parteras de las hebreas, una de las cuales se llamaba Cifra, y otra Fúa, y les dijo: 16 Cuando asistáis a las hebreas en sus partos, y veáis el sexo, si es hijo, matadlo; y si es hija, entonces viva. 17 Pero las parteras temieron a Dios, y no hicieron como les mandó el rey de Egipto, sino que preservaron la vida a los niños. 18 Y el rey de Egipto hizo llamar a las parteras y les dijo: ¿Por qué habéis hecho esto, que habéis preservado la vida a los niños? 19 Y las parteras respondieron a Faraón: Porque las mujeres hebreas no son como las egipcias; pues son robustas, y dan a luz antes que la partera venga a ellas. 20 Y Dios hizo bien a las parteras; y el pueblo se multiplicó y se fortaleció en gran manera. 21 Y por haber las parteras temido a Dios, él prosperó sus familias.

Éxodo 1:8-21

(RVR60)

La temporada de favor que trajo a Israel (Jacob) y su familia a Egipto se había terminado. Ahora los egipcios por temor comenzaron a odiar la multiplicación del pueblo judío e hicieron todo lo posible por quebrantarlos y someterlos.

Lo que Egipto y probablemente Israel habían olvidado que su misma jornada había sido dada anteriormente a otro soñador llamado Abraham quien, horrorizado, vio su futuro pueblo esclavizado en Egipto por 430 años, pero luego saldrían con una gran liberación.

Entonces, la escena ya estaba preparada y Moisés es uno de los bebes hebreos que fueron preservados vivos, al echarlo a flotar en el rio Nilo dirigido por su hermana, Miriam, hacia la hija del Faraón quien, al verlo flotar en la canasta, tuvo compasión de él, quizás porque ella no tuvo un hijo propio y deseó tener uno, el cual las nodrizas hebreas tuvieron a cargo de criarlo.

Ahora el favor estaba sobre Miriam quien trajo a Moisés de vuelta a su madre quien ahora era pagada por mantener y hacerse cargo de su propio hijo. Según pasaba el tiempo, Moisés fue criado en la casa del Faraón, y según dice la Biblia:

Fue enseñado Moisés en toda la sabiduría de los egipcios; y era poderoso en sus palabras y obras.

Hechos 7:22 (RVR1960)

Fue este Moisés quien nunca se olvidó quien era y aparentemente tenía el conocimiento de que Dios lo había puesto en el palacio como hijo, para que un día rescatara a su pueblo de la tiranía, la esclavitud y la crueldad de Egipto.

Veamos al recuento que hizo el mártir Esteban sobre la historia de Moisés:

Y fue enseñado Moisés en toda la sabiduría de los egipcios; y era poderoso en sus palabras y obras. 23 Cuando hubo cumplido la edad de cuarenta años, le vino al corazón el visitar a sus hermanos, los hijos de Israel. 24 Y al ver a uno que era maltratado, lo defendió, e hiriendo al egipcio, vengó al oprimido. 25 Pero él pensaba que sus hermanos comprendían que Dios les daría libertad por mano suya; mas ellos no lo habían entendido así. 26 Y al día siguiente, se presentó a unos de ellos que reñían, y los ponía en paz, diciendo: Varones, hermanos sois, ¿por qué os maltratáis el uno al otro? 27 Entonces el que maltrataba a su prójimo le rechazó, diciendo: ¿Quién te ha puesto por gobernante y juez sobre nosotros? 28 ¿Quieres tú matarme, como mataste ayer al egipcio? 29 Al oír esta palabra, Moisés huyó, y vivió como extranjero en tierra de Madián, donde engendró dos hijos. 30 Pasados cuarenta años, un ángel se le apareció en el desierto del monte Sinaí, en la llama de fuego de una zarza. 31 Entonces Moisés, mirando, se maravilló de la visión; y acercándose para observar, vino a él la voz del Señor: 32 Yo soy el Dios de tus padres, el Dios de Abraham, el Dios de Isaac, y el Dios de Jacob. Y Moisés, temblando, no se atrevía a mirar. 33 Y le dijo el Señor: Quita el calzado de tus pies, porque el lugar en que estás es tierra santa. 34 Ciertamente he visto la aflicción de mi pueblo que está en Egipto, y he oído su gemido, y he descendido para librarlos. Ahora, pues, ven, te enviaré a Egipto. 35 A este Moisés, a quien habían rechazado, diciendo: ¿Quién te ha puesto por   gobernante y juez?, a éste lo envió Dios como gobernante y libertador por mano del ángel que se le apareció en la zarza. 36 Este los sacó, habiendo hecho prodigios y señales en tierra de Egipto, y en el Mar Rojo, y en el desierto por cuarenta años.

Hechos 7:22-36 (RVR1960)

Ahora Moisés, a los cuarenta años de edad, ve la injusticia hecha en contra de su pueblo, toma la justicia en sus manos y mata a un egipcio que está golpeando a uno de sus hermanos de sangre. Moisés asume que este es el tiempo y que Israel lo reconocería como su libertador.

Pero Moisés no recibió la reacción esperada. En cambio, fue rechazado y recibió palabras humillantes con acusaciones demandantes como "¿quién te puesto como gobernante y juez sobre nosotros?" Piense como se habrá sentido Moisés cuando el comienza a hacer lo que cree que es su destino y su misión en la vida, y en lugar de eso recibe recelo y rechazo por parte de su pueblo.

Ahora, enseguida de este incidente fue notificado el Faraón, quien ahora quiere matar a Moisés, quien bajo temor y confusión, huye al desierto en donde permanece en lejanía por los próximos cuarenta años. Encontramos un verso interesante en Hechos que habla de la mentalidad de Moisés:

Pero él pensaba que sus hermanos comprendían que Dios les daría libertad por mano suya; mas ellos no lo habían entendido así.

Hechos 7:25 (RVR1960)

Podemos deducir de esta escritura que Moisés, a los 40 años de edad, creyó con todo su corazón que Dios lo había enviado a liberar a su pueblo aun cuando ellos no lo aceptaron. De acuerdo al sueño de Abraham, sería un periodo de 430 años, que el pueblo de Israel pasaría en Egipto.

Ahora, iban solo 390 años, y tomaría otros 40 años para que Moisés y su pueblo, a través de un proceso de humildad, libremente recibieran la liberación que Dios traería al pueblo que tanto El amaba. Y fue durante los próximos 40 años de la vida de

Moisés que quisiera llamar "la larga y lenta muerte del orgullo." El orgullo no muere rápidamente y mientras Moisés se sostuviera en su propia habilidad, linaje y poder no vería los destinos interconectados de los hijos de Israel y su ungido libertador, cruzarse de la forma que Dios lo deseaba.

Ahora, dos cosas están pasando simultáneamente durante esos 40 años.

Primero, encontramos que el sueño y el deseo de libertar al pueblo de Dios de la opresión de Egipto se está secando y muriendo. Cualquier esperanza se habría disipado pues la influencia, fuerza y edad de Moisés eran factores que obraban en contra de él, mientras que pasa un largo y lento periodo de muerte en el desierto.

Póngase usted en el lugar de Moisés. Su vida comienza de una forma poderosa y profética viviendo como el hijo del Faraón en la gloria y esplendor de Egipto, la cual es muy avanzada en comparación con las otras culturas de ese tiempo.

Pero ahora, con 80 años de edad, la posibilidad del sueño de liberación y el destino están muertos. ¿Sabe usted que mas murió en Moisés? ¡Su orgullo! Moisés no tenía expectativas de su propio poder o habilidad; la única esperanza de Moisés seria un trabajo milagroso de parte Dios. Lo que probablemente Moisés no percibió fue que Abraham previo el día en que la liberación se efectuaría y se hiciera lo que parecía imposible.

Usted se estará preguntando: "¿Cómo sabemos que el orgullo de Moisés murió en el desierto?"

Y aquel varón Moisés era muy manso, más que todos los hombres que había sobre la tierra.

Números 12:3 (RVR1960)

De acuerdo con esta escritura, no había hombre alguno sobre la tierra que fuera tan humilde como Moisés. De hecho, el texto en hebreo de esta escritura es aun más profundo. La palabra para

97

"muy" en hebreo es la palabra מאד (m@`ody) significa "excesiva, abundante y grandemente." (5)

Entonces ¿Qué era lo que Moisés excesiva, abundante y grandemente tenia? ¡Él era excesiva, abundante y grandemente humilde! De hecho, el hebreo dice que Moisés era ונע traducido como "anav", y después "anav" nuevamente.

Entonces, si la escritura se escribiera para coincidir con el entendimiento hebreo, leería, "¡El hombre Moisés era excesiva, abundante y grandemente humilde! ¡Humilde! Y dicho sea de paso, él era el hombre más humilde en la faz de la tierra." ¿Está captando esto? Moisés no fue solamente un hombre humilde; él se excedió y se hizo grandioso en la categoría de la humildad. Este hombre era tan humilde que ninguna otra persona en la tierra era tan humilde como él.

Así que, luego de 40 años en el desierto, definitivamente algo le sucedió a Moisés. También, yo creo que mientras el orgullo de Moisés moría, los hijos de Israel, durante los últimos 40 años de esclavitud y crueldad, empezaban a clamar por liberación como nunca antes.

Ellos tampoco tenían esperanza en sí mismos para trazar sus destinos y liberación y también, eran un pueblo humilde y preparado para que Dios les mostrara su Gracia. Nuevamente, Dios siempre "resiste al orgulloso, pero da gracia al humilde" (Santiago 4:6 RVR1960). ¡Ahora la muerte larga, lenta del orgullo había dado paso para la gracia impresionante! Después de 40 años en el desierto, Moisés tuvo un encuentro sobrenatural con Dios, cuando El se hizo a un lado para ver un arbusto en fuego que no se consumía.

El hecho de que Moisés se volvió a ver el arbusto y escuchó la vos de dios confirma la escritura que dice que "lo oirán los mansos…" (Salmos 34:2, RVR1960)

Apacentando Moisés las ovejas de Jetro su suegro, sacerdote de Madián, llevó las ovejas a través del desierto, y llegó hasta Horeb, monte de Dios. 2 Y se le apareció el Ángel de Jehová en una llama de fuego en medio de una zarza; y él miró, y vio que la zarza ardía en fuego, y la zarza no se consumía. 3 Entonces Moisés dijo: Iré yo ahora y veré esta grande visión, por qué causa la zarza no se quema. 4 Viendo Jehová que él iba a ver, lo llamó Dios de en medio de la zarza, y dijo !Moisés, Moisés! Y él respondió: Heme aquí. 5 Y dijo: No te acerques; quita tu calzado de tus pies, porque el lugar en que tú estás, tierra santa es. 6 Y dijo: Yo soy el Dios de tu padre, Dios de Abraham, Dios de Isaac, y Dios de Jacob. Entonces Moisés cubrió su rostro, porque tuvo miedo de mirar a Dios. 7 Dijo luego Jehová: Bien he visto la aflicción de mi pueblo que está en Egipto, y he oído su clamor a causa de sus exactores; pues he conocido sus angustias, 8 y he descendido para librarlos de mano de los egipcios, y sacarlos de aquella tierra a una tierra buena y ancha, a tierra que fluye leche y miel, a los lugares del cananeo, del heteo, del amorreo, del ferezeo, del heveo y del jebuseo. 9 El clamor, pues, de los hijos de Israel ha venido delante de mí, y también he visto la opresión con que los egipcios los oprimen. 10 Ven, por tanto, ahora, y te enviaré a Faraón, para que saques de Egipto a mi pueblo, los hijos de Israel. 11 Entonces Moisés respondió a Dios: ¿Quién soy yo para que vaya a Faraón, y saque de Egipto a los hijos de Israel? 12 Y él respondió: Ve, porque yo estaré contigo; y esto te será por señal de que yo te he enviado: cuando hayas sacado de Egipto al pueblo, serviréis a Dios sobre este monte.

Éxodo 3:1-12 (RVR1960)

Ahora, después de cuarenta años, la muerte larga y lenta del orgullo se hace efectiva en Moisés. La primera vez que la escritura menciona que Moisés escuchó la voz de Dios, fue en su encuentro con Dios en la zarza que ardía en fuego a sus ochenta años de vida.

Antes de que escuchara la voz de Dios en ese día, sabemos a través de las palabras de Esteban en el libro de los Hechos que Moisés supuso que él sería recibido como el libertador.

En ninguna parte de la Biblia encontramos que Moisés recibiera un mandato similar o llamado de Dios, hasta ese encuentro con Dios en el desierto. Yo creo que muchas veces estos lugares o tiempos desérticos en nuestras vidas pueden servir como trasfondo para que las cosas que necesitan secarse y morir lo hagan, pero no sucederá si no estamos en un desierto. Pero el desierto puede ser también un lugar en donde dejamos nuestras distracciones y oigamos lo que Dios desea que escuchemos.

Es impresionante lo que puede suceder cuando, como Moisés, decidimos no apoyarnos más en nuestras propias fuerzas. Moisés se siente completamente inadecuado en todos los sentidos, para ser el libertador de Israel y así es exactamente como Dios quiere que sea. El orgullo de Moisés muere completamente, al finalizar la segunda generación de su vida. Los primeros cuarenta años Moisés los vivió en Egipto como el hijo de Faraón. ¡Yo creo que estaba aprendiendo el orgullo con lo mejor de lo mejor! Luego Moisés huye y pasa los próximos cuarenta años en el desierto mientras la muerte larga y lenta del orgullo se completa.

Finalmente, para comenzar la nueva etapa en su vida, un nuevo Moisés es resucitado mientras comienza sus próximos cuarenta años, con oídos para poder escuchar y ojos para poder ver lo que Dios quería hacer con un hombre verdaderamente humilde. Como en la Biblia una generación es considerada de cuarenta años, podemos concluir que su vida se dividió en tres generaciones distintas. Fue en los últimos cuarenta años de la vida de Moisés que vivió en la verdadera grandeza de la humildad. Mientras más humilde fue Moisés, mayor fue la oportunidad de Dios para mostrarle su gran poder y gracia sobre su vida.

Espero pues que ni usted ni yo, tengamos que esperar cumplir ochenta años para pasar por la muerte larga y lenta del orgullo y vivir en la grandeza de la humildad. De hecho, creo que no lo tenemos que hacer. Creo que las escrituras y las historias de la Biblia fueron escritas para que no tuviéramos que aprender de la manera difícil. Podemos aprender por revelación de la Palabra y no solo por experiencia. Verdaderamente, si yo pudiera aprender de las experiencias ajenas acerca del o que debo o no debo hacer, yo lo haría. Veamos como Dios se siente acerca de este humilde, humilde hombre.

María y Aarón hablaron contra Moisés a causa de la mujer cusita que había   tomado; porque él había tomado mujer cusita. 2 Y dijeron: ¿Solamente por Moisés ha hablado Jehová? ¿No ha hablado   también por nosotros? Y lo oyó Jehová. 3 Y aquel varón Moisés era muy manso, más que todos los hombres que había sobre la tierra. 4 Luego dijo Jehová a Moisés, a Aarón y a María: Salid vosotros tres al tabernáculo de reunión. Y salieron ellos tres. 5 Entonces Jehová descendió en la columna de la nube, y se puso a la puerta del tabernáculo, y llamó a Aarón y a María; y salieron ambos. 6 Y él les dijo: Oíd ahora mis palabras. Cuando haya entre vosotros profeta de Jehová, le apareceré en visión, en sueños hablaré con él. 7 No así a mi siervo Moisés, que es fiel en toda mi casa. 8 Cara a cara hablaré con él, y claramente, y no por figuras; y verá la apariencia de Jehová. ¿Por qué, pues, no tuvisteis temor de hablar contra mi siervo Moisés? 9 Entonces la ira de Jehová se encendió contra ellos; y se fue.

Números 12:1-9 (RVR1960)

Encontramos que, aun cuando Moisés no tenia orgullo alguno en sí mismo y era conocido por Dios como el hombre más humilde sobre la tierra, su hermano y su hermana no estuvieron de acuerdo con la decisión de Moisés de haberse casado con una mujer de Etiopia. Ahora, la decisión de Moisés de haberse casado con esta mujer era personal y no afectaba en nada su habilidad de liderar al pueblo de Dios, y sin embargo Miriam y Aarón comenzaron a entrometerse y a murmurar acerca de su hermano Moisés.

Los líderes humildes que escogen el confiar en el Señor, no necesitan defenderse o explicar cada decisión que ellos toman. Además, como los líderes humildes no se la pasan afirmando su autoridad, algunos piensan que es correcto hablar negativamente e injustamente contra la persona humilde. Debido a que las personas orgullosas siempre van a encontrar faltas o sienten celos, ellos creen que ser humilde es señal de debilidad y creen que ellos pueden pisotear a aquellos que viven en el "Menguando para Crecer" de la humildad. Así como Miriam y Aarón hablaron en contra de Moisés, también hubo consecuencia y se manifestó la defensa de parte de Dios.

Dios habla alto y claro acerca de esta relación única y especial con Moisés. Dios dice que, "Moisés no es solo un profeta; él es uno con quien yo hablo cara a cara como un amigo que es fiel sobre todo otro que conozco." (Éxodo 33:11). Dios no solo defiende a Moisés y su relación con él, sino que una maldición de lepra cae sobre Miriam a causa de su pecado. Si usted nota que esto le está pasando, comience a caminar en humildad, sea como Moisés y no se defienda usted mismo. Deje que Dios le defienda como lo hizo con Moisés y créame, mientras se mantenga humilde ante Dios, estará abriendo espacio para la gracia de Dios, y esa gracia puede defenderlo y hacerse cargo de usted como nadie más puede hacerlo. ¿Sabía usted que aun después que Moisés se humilló por cuarenta años, le tomo otros cuarenta años enseñarle a los hijos de Israel, a los cuales Moisés dirigió, el ser humildes también? Aquí hay una verdad que deseo mostrarle. "La tecnología de la humildad no es transferible". Cada uno de nosotros tiene que tener un encuentro personal y una revelación de la humildad y aprender a vivir esa vida en humildad.

Recuerda cómo el SEÑOR tu Dios te guió por el desierto durante cuarenta años, donde te humilló y te puso a prueba para revelar tu carácter y averiguar si en verdad obedecerías sus mandatos. 3 Sí, te humilló permitiendo que pasaras hambre y luego alimentándote con maná, un alimento que ni tú ni tus antepasados conocían hasta ese momento. Lo hizo para enseñarte que la gente no vive solo de pan, sino que vivimos de cada palabra que sale de la boca del SEÑOR. 4 En todos esos cuarenta años, la ropa que llevabas puesta no se gastó, y tus pies no se ampollaron ni se hincharon.

Deuteronomio 8:2-4 (NTV)

Ahora bien, la larga y lenta muerte del orgullo no solo se encuentra en la historia de Moisés. Es también la encontramos en la vida de otros hombres de la Biblia como José. Creo que sería bueno para usted entender que "el conocimiento envanece" (1 Corintios 8:1). Esto significa que mientras más conocimiento una persona tiene, mas inflada es la opinión que tiene de sí mismo y mas orgullo tiene debido a ese conocimiento.

Ahora, la parte que asusta del conocimiento es que no importe de donde venga ese conocimiento, siempre causará que tengamos que lidiar con el orgullo que trae ese conocimiento. Entonces, cada vez que usted sepa algo que otros no han conocido o recibido aun, puede que ese conocimiento lo conduzca al orgullo. El conocimiento puede venir en forma de un sueño, una visión y hasta quizás de una revelación de Dios, y sin embargo, a pesar que es algo bueno, cuando no se recibe en humildad puede causar algunos problemas. Por ejemplo, cuando José tuvo los sueños acerca de su familia postrándose delante de él, esto causó orgullo en el. Los sueños eran de Dios, y eventualmente los sueños se iban a materializar, sin embargo estos sueños no fueron recibidos en humildad, y en su inmadurez, José le contó sus sueños a quienes no estaban preparados para comprenderlos. Esto causó el odio de sus hermanos hacia él.

Los hermanos de José vieron que su padre le amaba más que a cualquiera de ellos. Ellos odiaban a José y no podían hablar con él en términos amistosos. José tuvo un sueño y cuando se los contó a sus hermanos, lo odiaron aun más. (Génesis 37:4-5). Ahora, José y su orgullo tendrían que pasar por un proceso de morir, y nuevamente, un proceso largo y lento porque el orgullo nunca quiere morir. José tenía solamente diez y siete años cuando fue llevado a Egipto como esclavo, y aun así donde quiera que iba, era bendecido y también bendecía a todos los que estaban a su alrededor. Miremos lo que sucedió cuando fue vendido a la casa de Potifar:

Llevado, pues, José a Egipto, Potifar oficial de Faraón, capitán de la guardia, varón egipcio, lo compró de los ismaelitas que lo habían llevado allá. 2 Más Jehová estaba con José, y fue varón próspero; y estaba en la casa de su amo el egipcio. 3 Y vio su amo que Jehová estaba con él, y que todo lo que él hacía, Jehová lo hacía prosperar en su mano. 4 Así halló José gracia en sus ojos, y le servía; y él le hizo mayordomo de su casa y entregó en su poder todo lo que tenía. 5 Y aconteció que desde cuando le dio el encargo de su casa y de todo lo que tenía, Jehová bendijo la casa del egipcio a causa de José, y la bendición de Jehová estaba sobre todo lo que tenía, así en casa como en el campo. 6 Y dejó todo lo que tenía en mano de José, y con él no se preocupaba de cosa alguna sino del pan que comía. Y era José de hermoso semblante y bella presencia.

Génesis 39:1-6 (RVR1960)

Ahora, durante este tiempo, vemos a José como un judío feliz sirviendo en la casa de Potifar, pero la esposa de Potifar trata de seducir a José, y cuando él se niega caer ante sus insinuaciones, su desprecio hace que ella lo acuse injustamente de violación. José es enviado a la cárcel en donde nuevamente encuentra el favor de Dios, y finalmente termina a cargo de la prisión.

Mientras estaba en prisión, José interpreta los sueños del copero y del panadero del rey y le pide al copero que por favor se acuerde de él cuando esté en la presencia del rey ya, que José le había explicado todas las injusticias que él había sufrido. Pero en aquel tiempo, José estaba defendiéndose a sí mismo y haciendo todo lo que estaba a su alcance para salir de la prisión.

Debido a que el orgullo es lento para morir, José tuvo que esperar otros dos años hasta que el copero se acordó de él cuando el Faraón tuvo un sueño que no puede entender y llaman a José para que lo interprete. Cuando José sale de prisión y se presenta ante Faraón, es un nuevo hombre, sin orgullo, porque había sufrido una muerte larga y lenta, liberándose así José de las ataduras que tenia.

Entonces Faraón envió y llamó a José. Y lo sacaron apresuradamente de la cárcel, y se afeitó, y mudó sus vestidos, y vino a Faraón. 15 Y dijo Faraón a José: Yo he tenido un sueño, y no hay quien lo interprete; mas he oído decir de ti, que oyes sueños para interpretarlos. 16 Respondió José a Faraón, diciendo: No está en mí; Dios será el que dé respuesta propicia a Faraón

Génesis 41:14-16

(RVR1960)

El principio de la humildad es: El poder no está nunca en mi propia habilidad, sino en la fuerza de Dios que proviene al doblegarme y humillarme ante él haciendo voluntariamente espacio para la gracia. Cuando José habla con Faraón acerca de la interpretación de su sueño, al decirle abiertamente, "¡yo no puedo pero Dios si puede!", vemos ahora a un José, sin orgullo, caminando y viviendo en el principio de la humildad. Este proceso ha tomado un largo tiempo, pero cuando el orgullo se ha ido, usted y yo podemos decir lo mismo. José, ahora es un hombre humilde, ya no se apoyará más en sus propias habilidades y ni siquiera en sus propios sueños, sino únicamente en la fuerza y en el poder de Dios. Es ahora cuando José ha hecho espacio para la gracia, y el comienza a ver la gracia de Dios en forma grandiosa.

Y dijo Faraón a José: Pues que Dios te ha hecho saber todo esto, no hay entendido ni sabio como tú. 40 Tú estarás sobre mi casa, y por tu palabra se gobernará todo mi pueblo; solamente en el trono seré yo mayor que tú. 41 Dijo además Faraón a José: He aquí yo te he puesto sobre toda la tierra de Egipto. 42 Entonces Faraón quitó su anillo de su mano, y lo puso en la mano de José, y lo hizo vestir de ropas de lino finísimo, y puso un collar de oro en su cuello; 43 y lo hizo subir en su segundo carro, y pregonaron delante de él !Doblad la rodilla!;[a] y lo puso sobre toda la tierra de Egipto.

Génesis 41:39-43 (RVR1960)

¿Puede ver cuán grande gracia fue derramada sobre José? Cuando el orgullo sufre esa muerte larga y lenta, da lugar a una nueva persona humilde quien ha hecho espacio para Dios y la gracia, para que El se manifieste poderosamente. Tal vez se me olvidó mencionar que el "Menguando para Crecer" puede y va ser un poco doloroso

Luego envió a un hombre a Egipto delante de ellos: a José, quien fue vendido como esclavo. 18 Le lastimaron los pies con grilletes y en el cuello le pusieron un collar de hierro. 19 Hasta que llegó el momento de cumplir sus sueños, el SEÑOR puso a prueba el carácter de José.

Salmos 105:17-19(NTV)

La revelación y los sueños que Dios nos da son para nosotros, para nuestro destino, y aun para dejar prosperidad a nuestros hijos. Hay veces que como creyentes del Nuevo Testamento vamos a tener que dejar ir nuestro orgullo a través de ese proceso de muerte. Ojala que no sea un proceso muy largo. Creo que debemos ser como el Apóstol Pablo quien, cuando recibió tanta revelación que produjo que se engrandeciera, tuvo que aprender a "morir todos los días" (1 Corintios 15:31 RVR1960) para no vivir con orgullo. Uno de los pasajes más controversiales y mal entendidos de las escrituras el del "aguijón de Pablo." Leamos la historia:

Y conozco al tal hombre (si en el cuerpo, o fuera del cuerpo, no lo sé; Dios lo sabe), 4 que fue arrebatado al paraíso, donde oyó palabras inefables que no le es dado al hombre expresar. 5 De tal hombre me gloriaré; pero de mí mismo en nada me gloriaré, sino en mis debilidades. 6 Sin embargo, si quisiera gloriarme, no sería insensato, porque diría la verdad; pero lo dejo, para que nadie piense de mí más de lo que en mí ve, u oye de mí. 7 Y para que la grandeza de las revelaciones no me exaltase desmedidamente, me fue dado un aguijón en mi carne, un mensajero de Satanás que me abofetee, para que no me enaltezca sobremanera; 8 respecto a lo cual tres veces he rogado al Señor, que lo quite de mí. 9 Y me ha dicho: Bástate mi gracia; porque mi poder se perfecciona en la debilidad. Por tanto, de buena gana me gloriaré más bien en mis debilidades,   para que repose sobre mí el poder de Cristo. 10 Por lo cual, por amor a Cristo me gozo en las debilidades, en afrentas, en necesidades, en persecuciones, en angustias; porque cuando soy débil, entonces soy fuerte.

2 Corintios 12:3-10 (RVR1960)

Ahora, sabiendo que el Apóstol Pablo bajo inspiración escribió casi dos terceras partes del Nuevo Testamento, y nos dio la maravillosa revelación de la gracia, es evidente que sería imposible para alguien el recibir esto y no tener que lidiar con el potencial de ser engrandecido por el orgullo. Pablo ha tenido que continuar recordándose a sí mismo de sus debilidades personales y de la fuerza que proviene del humillarse.

La única forma en que Pablo continua recibiendo revelaciones de Dios es manteniendo su propia debilidad. Entonces las más grandes revelaciones siempre vendrán a aquellos que puedan mantenerse y vivir en la grandeza de la humildad. No digo que esto es fácil o conveniente. La naturaleza misma del conocimiento y la revelación tratara de engrandecernos, y no debemos jamás dejar que lo que recibimos o aprendemos nos eleve a nosotros sino que eleve a Dios, quien nos da estas cosas gratuitamente, mientras nos mantenemos en humildad ante él.

El conocimiento que ha venido de Dios ha sido utilizado por muchos como una fuente de orgullo y del "yo sé más que tu" o "yo soy mejor que tu por causa de este conocimiento." Esto ha dividido a la iglesia en denominaciones, facciones y cismas porque hemos permitido que el conocimiento nos engrandezca en vez de vivir en la simpleza y el poder de la humildad.

Va a tomar ahora una larga, lenta muerte para que muchos en la iglesia permitan que el conocimiento y la necesidad de estar en lo correcto mueran para que así el avivamiento venga a través de la humildad. ¡Que podamos, así como Pablo, morir todos los días para que Cristo viva en nosotros diariamente!

Con Cristo estoy juntamente crucificado, y ya no vivo yo, mas vive Cristo en mi; y lo que ahora vivo en la carne, lo vivo en la Fe del Hijo de Dios, el cual me amo y se entrego a sí mismo por mí.
Gálatas 2:20 (RVR1960)

CAPÍTULO SEIS:

Una Humillación Profunda Siempre Conduce A Lugares Más Altos

Si MOISES fue el hombre más humilde de sus días, ¿Qué hizo esa humildad por él, o diría yo, a través de él? Por favor piense por un minuto en esto. La persona a quien Dios uso para sacar a una nación de la esclavitud y el hombre a quien Dios escogió para entregarle los Diez Mandamientos fue a Moisés. Este fue el mismo hombre que recibió el Pentateuco, también conocido como la Tora, de la boca de Dios en el Monte Sinaí. Este fue el mismo hombre que estuvo desesperado por la presencia de Dios.

Y Moisés dijo al SEÑOR: Mira, tú me dices: "Haz subir a este pueblo"; pero tú no me has declarado a quién enviarás conmigo. Además has dicho: "Te he conocido por tu nombre, y también has hallado gracia ante mis ojos." 13 Ahora pues, si he hallado gracia ante tus ojos, te ruego que me hagas conocer tus caminos para que yo te conozca y halle gracia ante tus ojos. Considera también que esta nación es tu pueblo. 14 Y El respondió: Mi presencia irá contigo, y yo te daré descanso. 15 Entonces le dijo Moisés: Si tu presencia no va con nosotros, no nos hagas partir de aquí. 16 ¿Pues en qué se conocerá que he hallado gracia ante tus ojos, yo y tu pueblo? ¿No es acaso en que tú vayas con nosotros, para que nosotros, yo y tu pueblo, nos distingamos de todos los demás pueblos que están sobre la faz de la tierra? 17 Y el SEÑOR dijo a Moisés: También haré esto que has hablado, por cuanto has hallado gracia ante mis ojos y te he conocido por tu nombre. 18 Entonces Moisés dijo: Te ruego que me muestres tu gloria. 19 Y El respondió: Yo haré pasar toda mi bondad delante de ti, y proclamaré el nombre del SEÑOR delante de ti; y tendré misericordia del que tendré misericordia, y tendré compasión de quien tendré compasión. 20 Y añadió: No puedes ver mi rostro; porque nadie puede verme, y vivir. 21 Entonces el SEÑOR dijo: He aquí, hay un lugar junto a mí, y tú estarás sobre la peña; 22 y sucederá que al pasar mi gloria, te pondré en una hendidura de la peña y te cubriré con mi mano hasta que yo haya pasado.23 Después apartaré mi mano y verás mis espaldas; pero no se verá mi rostro.

Éxodo 33:12-23

(LBLA)

Moisés era tan humilde y dependiente de Dios que se negó a ir a ninguna parte sin la presencia de Dios. Ahora, esta escritura sucede después que Moisés había sacado al pueblo de Egipto con las señales y prodigios que aun se hablan hoy en día. ¿Conoce usted a alguien más que haya visto al mar Rojo abrirse con muros de agua a cada lado para que millones de personas pudieran cruzar y entonces también ver esos mismos muros de agua colapsarse encima del ejército del Faraón?

Sin embargo este hombre Moisés decía que quería mas. De hecho, le pidió a Dios que le mostrara su gloria. Debido a que este era el Antiguo Testamento y que Jesucristo no se había manifestado en carne, Dios no pudo mostrarle completamente su gloria, porque la gloria de Dios es Jesús.

Y aquel Verbo fue hecho carne, y habito entre nosotros (y vimos su gloria, gloria como del unigénito del Padre) lleno de gracia y de verdad.

Juan 1:14 (RVR1960)

Dios le dijo a Moisés que se parara al borde de la peña, lo cual era un tipo y sombra de lo que habría de venir, como sabemos que el que cree está parado al borde de la peña que es Cristo, la esperanza de gloria. Ahora, debido a la humildad de Moisés, Dios le concede un vistazo de lo que habría de venir.

Permítame mostrarle lo que sucedió mas adelante. Cuando Jesús se encarna, Dios usa esta ocasión para contestarle a Moisés su petición de ver la gloria de Dios.

Seis días después Jesús se llevó aparte a Pedro, a Jacobo y a su hermano Juan. Los llevó a un monte alto, y allí se transfiguró delante de ellos. Su rostro resplandecía como el sol, y sus vestidos se hicieron blancos como la luz. De pronto se les aparecieron Moisés y Elías, y hablaban con él. Pedro dijo entonces a Jesús: «Señor, ¡qué bueno es para nosotros estar aquí! Si quieres, podemos hacer tres cobertizos: uno para ti, otro para Moisés, y otro para Elías.» Todavía estaba hablando cuando una nube de luz los cubrió, y desde la nube se oyó una voz que decía: «Éste es mi Hijo amado, en quien me complazco. ¡Escúchenlo!» Al oír esto los discípulos, se postraron sobre sus rostros, llenos de miedo; pero Jesús se acercó a ellos, los tocó y les dijo: «Levántense; no tengan miedo.» Y cuando ellos alzaron la vista, no vieron a nadie más que a Jesús. Cuando descendieron del monte, Jesús les mandó: «No digan nada a nadie de esta visión, hasta que el Hijo del Hombre resucite de los muertos.»

Mateo 17:1-9 (RVC)

¿Comprende usted que sucedió justo ante los ojos de los tres discípulos? Jesús se manifiesta como la Gloria de Dios y ¿a quién mas vemos allí? ¿Quién mas estuvo allí para ver la gloria de Dios? Fue Moisés quien había orado miles de años antes pidiéndole a Dios el ver su gloria. Yo creo que esto confirma lo que Dios hace cuando somos verdaderamente humildes ante El.

Dios moverá, cielo y tierra, y aun trasladará a una persona dentro y fuera del tiempo para contestar su oración. Entonces Moisés logró ver la gloria de Dios después de todo, en todo su esplendor y majestad.

Ahora, aun cuando Moisés fue el hombre más humilde en sus días, existió otro hombre, el cual vendría a ser en realidad el hombre más humilde que vivió y caminó sobre la tierra. Este hombre, por supuesto fue Jesús, y aun en su nacimiento vemos sus humildes comienzos al estar acostado en un pesebre y muy probablemente nacido en el abrigo temporal de una Sukkah.

Este mismo Jesús creció sin mucha fanfarria, excepto cuando tuvo dos años de edad; cuando lo visitaron los hombres sabios con oro, incienso y mirra. Jesús aprendió el oficio de su padre, y solamente hay una referencia de Jesús a los doce años de edad asombrando a los maestros en el templo con su conocimiento de las escrituras. Entonces Jesús a los treinta años comienza su ministerio dedicando tiempo a la oración.

Después Jesús subió a un monte y llamó a los que él quiso, y ellos se reunieron con él. A doce de ellos los designó para que estuvieran con él, para enviarlos a predicar,

Marcos 3:13-14 (RVC)

Así es que Jesús, mientras hizo su ministerio, jamás se exalto a sí mismo, nunca se vanaglorio, y ciertamente le decía a otros que no hablaran de él. Por el contrario, cada referencia de exaltación y alabanza era siempre redirigida al Padre de Jesús, Dios.

Esta era una forma muy extraña de construir algo grande, ¿no creen? Hoy en día si queremos que algo sea expuesto lo comercializamos, anunciamos y lo sobre enfatizamos, sin embargo cuan distinta fue la forma como Jesús vivió.

Que haya en ustedes el mismo sentir que hubo en Cristo Jesús, quien, siendo en forma de Dios, no estimó el ser igual a Dios como cosa a que aferrarse, sino que   se despojó a sí mismo y tomó forma de siervo, y se hizo semejante a los hombres; y estando en la condición de hombre, se humilló a sí mismo y se hizo obediente hasta la muerte, y muerte de cruz. Por lo cual Dios también lo exaltó hasta lo sumo, y le dio un nombre que es sobre todo nombre, para que en el nombre de Jesús se doble toda rodilla de los que están en los cielos, y en la tierra, y debajo de la tierra; y toda lengua confiese que Jesucristo es el Señor, para gloria de Dios el Padre.

Filipenses 2:5-12 (RVC)

Así que Jesús, quien es igual a Dios y el que creó todas las cosas, no se apoyó ni tomó esto en cuenta cuando el, como hombre caminó sobre la tierra poniendo a un lado su majestad y gloria y se vistió así mismo con una piel de hombre. Jesús se vistió con piel humana, y así, como la palabra se hizo carne y se tabernaculizó, si pudiéramos decirlo de esta forma, entre la humanidad.
Jesús nunca buscó reconocimiento o poder para su propio beneficio aunque le fueron ofrecidos los reinos de este mundo por el mismo Satanás.

Entonces Jesús fue llevado por el Espíritu al desierto, para ser tentado por el diablo. Y después de haber ayunado cuarenta días y cuarenta noches, tuvo hambre. Y vino a él el tentador, y le dijo: Si eres Hijo de Dios, di que estas piedras se conviertan en pan. El respondió y dijo: Escrito está: No sólo de pan vivirá el hombre, sino de toda palabra que sale de la boca de Dios. Entonces el diablo le llevó a la santa ciudad, y le puso sobre el pináculo del templo, y le dijo: Si eres Hijo de Dios, échate abajo; porque escrito está: A sus ángeles mandará acerca de ti, y, En sus manos te sostendrán, Para que no tropieces con tu pie en piedra. Jesús le dijo: Escrito está también: No tentarás al Señor tu Dios. Otra vez le llevó el diablo a un monte muy alto, y le mostró todos los reinos del mundo y la gloria de ellos, y le dijo: Todo esto te daré, si postrado me adorares. Entonces Jesús le dijo: Vete, Satanás, porque escrito está: Al Señor tu Dios adorarás, y a él sólo servirás. El diablo entonces le dejó; y he aquí vinieron ángeles y le servían.

Mateo 4:1-11(RVR1960)

Jesús pasó por la prueba de la humanidad y demostró que la humildad siempre triunfa sobre la auto-provisión, auto-preservación y auto-promoción. Desde luego, solo porque Jesús pasó la prueba no significa que Satanás dejará de probarle de la misma forma. Había algo distinto en Jesús que en el resto de los hombres.

Debido a que Jesús se hizo inferior a cualquiera, Dios lo hizo superior a cualquiera. Jesús entendió el principio de la humildad y vivió su vida de acuerdo a ese principio.

De hecho, Jesús no solo enseñó este principio de la humildad, sino que también Jesús lo modeló y lo demostró una y otra vez. Si alguien vivió el "Menguando para Crecer", fue "Yeshúa Mashiaj", Jesucristo.

El principio de la humildad es "El poder nunca está en nuestra propia habilidad sino en la fuerza de Dios que viene cuando descendemos y nos humillamos abriendo espacio intencionalmente para la gracia."

Por favor, lea esta historia:

Antes de la fiesta de la pascua, sabiendo Jesús que su hora había llegado para que pasase de este mundo al Padre, como había amado a los suyos que estaban en el mundo, los amó hasta el fin. Y cuando cenaban, como el diablo ya había puesto en el corazón de Judas Iscariote, hijo de Simón, que le entregase, sabiendo Jesús que el Padre le había dado todas las cosas en las manos, y que había salido de Dios, y a Dios iba, se levantó de la cena, y se quitó su manto, y tomando una toalla, se la ciñó. Luego puso agua en un lebrillo, y comenzó a lavar los pies de los discípulos, y a enjugarlos con la toalla con que estaba ceñido. Entonces vino a Simón Pedro; y Pedro le dijo: Señor, ¿tú me lavas los pies? Respondió Jesús y le dijo: Lo que yo hago, tú no lo comprendes ahora; mas lo entenderás después. Pedro le dijo: No me lavarás los pies jamás. Jesús le respondió: Si no te lavare, no tendrás parte conmigo. Le dijo Simón Pedro: Señor, no sólo mis pies, sino también las manos y la cabeza. Jesús le dijo: El que está lavado, no necesita sino lavarse los pies, pues está todo limpio; y vosotros limpios estáis, aunque no todos. Porque sabía quién le iba a entregar; por eso dijo: No estáis limpios todos. Así que, después que les hubo lavado los pies, tomó su manto, volvió a la mesa, y les dijo: ¿Sabéis lo que os he hecho? Vosotros me llamáis Maestro, y Señor; y decís bien, porque lo soy. Pues si yo, el Señor y el Maestro, he lavado vuestros pies, vosotros también debéis lavaros los pies los unos a los otros. Porque ejemplo os he dado, para que como yo os he hecho, vosotros también hagáis. De cierto, de cierto os digo: El siervo no es mayor que su señor, ni el enviado es mayor que el que le envió. Si sabéis estas cosas, bienaventurados seréis si las hiciereis.

Juan13:1-17 (RVR1960)

Jesús, antes de tomar la ultima cena con sus discípulos, hizo algo que tal vez nunca ha sido hecho en la historia de la relación "mentor-discípulo." Desde luego que Jesús no era un mentor cualquiera. Jesús recoge la toalla del servicio, toma una vasija de agua, y comienza a lavar los pies de cada uno de sus discípulos.

Aun a Judas, sabiendo que él era el que finalmente sucumbiría a la tentación del orgullo y la auto-provisión, tomando por solo treinta monedas de plata por la vida del Rabino Jesús.

Ya que Jesús no solo estaba haciendo un acto profético, sino que estaba demostrando su mensaje de vida "shama", de oír, escuchar, seguir y obedecer a su Padre, este lavamiento de los pies a sus discípulos sería algo que ellos nunca jamás olvidarían. Mientras observaban al Mesías y Señor del universo hincarse de rodillas para lavar sus pies sucios y polvorientos, esto les hablaría enormemente y los haría cambiar la forma de ver a Jesús y a ellos mismos para siempre.

Debido a que Jesús levó una vida dependiente de su Padre y no de sus habilidades, nunca hubo una carencia o necesidad que quedara insatisfecha. Miremos ahora como Jesús vivió en el principio y el poder de la humildad ante Dios, su Padre:

19 Respondió entonces Jesús, y les dijo: De cierto, de cierto os digo: No puede el Hijo hacer nada por sí mismo, sino lo que ve hacer al Padre; porque todo lo que el Padre hace, también lo hace el Hijo igualmente.

30 No puedo yo hacer nada por mí mismo; según oigo, así juzgo; y mi juicio es justo, porque no busco mi voluntad, sino la voluntad del que me envió, la del Padre.

Juan 5:19,30 (RVR1960)

¿Puedes ver la humildad en Jesús? ¿Puedes ver el principio de humildad operando al máximo en Jesús? ¿Vemos a Jesús mirando a sus propias habilidades, sabiduría o poder? ¿Puedes ver como Jesús vivió y modeló el "Menguando para Crecer"?

Observemos otras escrituras acerca de Jesús viviendo como el más humilde de los hombres aun cuando tenía el derecho de vivir como el Unigénito del Padre.

Jesús salió de Tiro y subió hasta Sidón antes de regresar al mar de Galilea y a la región de las Diez Ciudades. 32 Le trajeron a un hombre sordo con un defecto del habla, y la gente le suplicó a Jesús que pusiera sus manos sobre el hombre para sanarlo.
33 Jesús lo llevó aparte de la multitud para poder estar a solas con él. Metió sus dedos en los oídos del hombre. Después escupió sobre sus propios dedos y tocó la lengua del hombre. 34 Mirando al cielo, suspiró y dijo: «Efatá», que significa «¡Ábranse!». 35 Al instante el hombre pudo oír perfectamente bien y se le desató la lengua, de modo que hablaba con total claridad.36 Jesús le dijo a la multitud que no lo contaran a nadie, pero cuanto más les pedía que no lo hicieran, tanto más hacían correr la voz. 37 Quedaron completamente asombrados y decían una y otra vez: «Todo lo que él hace es maravilloso. Hasta hace oír a los sordos y da la capacidad de hablar al que no puede hacerlo».

Marcos 7:31-37(NTV)

Jesús hizo milagro tras milagro, y nueve veces en los evangelios, le dijo a la gente que no dijeran nada. Porque Jesús vivió en el principio de la humildad, el no quería dar paso a la táctica de auto-promoción de otros. En cambio, Jesús dejó que el fruto de la humildad hablara por sí solo, lo que tenía un impacto mucho mayor y unos resultados que lo elevaran a sí mismo.
Estoy recordando algo de la vieja escuela del pensamiento en este momento. ¿No estarían estas personas puestas en peligro de perder sus milagros, por no obedecer a Jesús cuando les dijo que no dijeran nada a nadie? Si los milagros eran basados en el trabajo de su obediencia entonces quizás, pero en verdad, los milagros fueron hechos porque Jesús, operando en humildad, vio a su Padre, sanando, restaurando y volviendo a la vida aquellos que habían muerto.

Cuando una persona opera en humildad, es simplemente una vasija para que la gracia de Dios fluya. Jesús no solo era un recipiente de la gracia de la humildad, sino que también, de acuerdo a las escrituras, estaba lleno de gracia.

Y aquel Verbo fue hecho carne, y habitó entre nosotros (y vimos su gloria, gloria como del unigénito del Padre), lleno de gracia y de verdad. Porque de su plenitud tomamos todos, y gracia sobre gracia. Pues la ley por medio de Moisés fue dada, pero la gracia y la verdad vinieron por medio de Jesucristo.

Juan 1:14, 16-17 (RVR1960)

Debido a que la iglesia no ha entendido la gracia y la habilidad de Jesús de transformarnos a través de la gracia, tendemos a inclinarnos más a la culpa, la condena y el legalismo, cuando lo que necesitamos es gracia sobre gracia. Me gusta enseñarle a mi gente que la gracia es siempre inmerecida, y nunca pueden trabajar lo suficiente para ganarla de ningún modo. En el momento que ganamos la gracia, deja de ser gracia.

Ahora la gracia es un favor sobrenatural desatado en usted y en mí a través de Jesucristo. Esta gracia es para todo el mundo, pero no todo el mundo abrirá espacio para ella o la recibirá. El humilde siempre atraerá la gracia mientras que el orgulloso siempre la rechazará. En el momento en que nos humillamos, la gracia aparece en abundancia y cambia nuestras vidas, comenzando por nuestros corazones y luego nuestro exterior, mientras continuamos rindiéndonos a ella.

Jesús, como un hombre lleno de gracia y humilde en todo sentido, nunca puso límites a lo que estaba disponible para aquellos que dieran paso para recibir el poder, la sanidad y los milagros que solo la gracia podía traer. Cuando las escrituras nos enseñan que Jesús sano todo, ¡significa todo!

"···Entonces salió de esa región, y mucha gente lo siguió. Sano a todos los enfermos de esa multitud."

Mateo 12:15 (NTV)

La razón, nuevamente, por la cual Jesús sanó a todos, es que él, operando en humildad, vio a su Padre sanando a todos, y eso fue exactamente lo que hizo. La única vez que "todos" no fueron sanados, fue cuando el pueblo no abrió espacio para el Hombre lleno de gracia y despreciaron a Jesús por la supuesta falta de linaje y su lugar de procedencia.

Salió Jesús de allí y vino a su tierra, y le seguían sus discípulos. Y llegado el día de reposo, comenzó a enseñar en la sinagoga; y muchos, oyéndole, se admiraban, y decían: ¿De dónde tiene éste estas cosas? ¿Y qué sabiduría es esta que le es dada, y estos milagros que por sus manos son hechos? ¿No es éste el carpintero, hijo de María, hermano de Jacobo, de José, de Judas y de Simón? ¿No están también aquí con nosotros sus hermanas? Y se escandalizaban de él. Mas Jesús les decía: No hay profeta sin honra sino en su propia tierra, y entre sus parientes, y en su casa. Y no pudo hacer allí ningún milagro, salvo que sanó a unos pocos enfermos,   poniendo sobre ellos las manos. Y estaba asombrado de la incredulidad de ellos. Y recorría las aldeas de alrededor, enseñando.

Marcos 6:1-6 (RVR1960)

Entonces ahora, aun cuando Jesús deseaba hacer lo que su Padre le había enviado a hacer en Nazaret, ¡el no pudo hacerlo! Esto es una tremenda locura porque las escrituras no dicen que él no quería, sino que no podía hacer ningún milagro. Esta gente tenía entre ellos al Hombre que iría a otras ciudades y que habría hecho tantos otros milagros.

Jesús también hizo muchas otras cosas. Si todas se pusieran por escrito, supongo que el mundo entero no podría contener los libros que se escribirían,

Juan 21:25 (NTV)

Jesús amó y murió por todos, pero a menos que el sea recibido como su Señor, lo que hizo en la cruz no les beneficiara. Jesús enseñó desde una perspectiva única como uno que se hizo inferior para poder hacer al hombre superior.

Las escrituras profetizaron acerca de este tipo de Mesías pero pocos fueron los que lo reconocieron cuando vino. ¡La única forma de recibir a Jesús es humillarse y creer que él es Dios! La promesa de ir mas alto y el "Menguando para Crecer" es modelado por Jesús, quien es Dios encarnado y quien intencionalmente se hizo a si mismo inferior como el más alto y grandioso ejemplo de humildad y del estilo de vida del "Menguando para Crecer", que cualquiera jamás podrá ver.

Sabemos que porque Yeshúa se hizo a si mismo inferior que ninguno otro, seria Dios el Padre quien en su debido tiempo lo exaltaría más que a nadie.

¡Alégrate, Oh pueblo de Sion! ¡Grita de triunfo, oh pueblo de Jerusalén! Mira, tu rey viene hacia ti. El es justo y victorioso, pero es humilde, montado en un burro; montado en la cría de una burra.

Zacarías 9:9 (NTV)

Ahora bien, Jesús viene como una persona humilde y no es bien recibido, pero aquellos quienes se ensalzan a sí mismos casi siempre serán bien recibidos.

Yo he venido en nombre de mi Padre, y ustedes me han rechazado. Sin embargo, si otros vienen en su propio nombre, ustedes los reciben con gusto. 44¡Con razón les cuesta creer! Pues a ustedes les encanta honrarse unos a otros, pero no les importa la honra que proviene del único que es Dios.

Juan 5:43-44 (NTV)

Esto nunca deja de asombrarme, pero es tan cierto hoy en día como lo era entonces. La gente quiere a aquellos que se jactan y dicen que son lo más grande. ¿Recuerdan a Mohammed Ali y como él se jactaba diciendo que él era el más grande de todos? Aun puedo escuchar la jactancia en sus poemas como este:

"Entonces no apuesten en mi contra, soy un hombre de palabra. ¡Él es el más grande! ¡Sí! Yo soy el hombre del cual habla este poema, seré campeón del mundo, de eso no hay duda. He aquí yo predigo el desmembramiento de Mr. Liston, le golpeare tan fuerte; que se preguntara a donde se fueron octubre y noviembre. Cuando digo dos, jamás habrá un tercero, que se pare en contra mía es completamente absurdo. Cuando Cassius que un ratón puede correr más que un caballo, No me pregunte como; ¡ponga su dinero donde su ratón esta! ¡SOY EL MAS GRANDE!"

Muhammed Ali. (6)

Para ser honesto, verdaderamente me agrada Muhammed Ali, ya que era muy entretenido y un buen boxeador, pero ah, muy orgulloso. Eventualmente, perdió su corona de los pesos pesados contra otro boxeador. Después de todo "el orgullo aparece justo antes de la caída" (Proverbios 16:18, (RVR1960).
El espíritu de auto-promoción también es visto en el cine, las noticias y la política, en donde parece que nadie abraza el verdadero poder y gracia que solo la humildad puede atraer. Jesús se propuso enseñar a sus discípulos estas verdades haciéndose humilde a sí mismo.

Pónganse mi yugo. Déjenme enseñarles, porque yo soy humilde y tierno de corazón, y encontraran descanso para el alma.

Mateo 11:29(NTV)

La forma que Jesús usa para enseñar está en la antigua escuela de aprendices. Hoy pensamos que si obtenemos un titulo de una escuela ya somos maestros, cuando muchas veces nuestros títulos no valen mucho más que el papel en que los imprimen porque no tienen la experiencia de la vida real, que viene con el aprendizaje. Ahora, la llave de este método de enseñar está siendo aunada al maestro, pasando enormes cantidades de tiempo con ellos para así transferir sus conocimientos al aprendiz. Jesús vivió en humildad, y porque se humilló haciéndose inferior a cualquier otro hombre, Dios lo exaltó más alto que a cualquier otro hombre.
Jesús es exaltado a la diestra de Dios, y ahora toda la creación se postrará ante su Trono.

Déjenme decirles claramente tanto a ustedes como a todo el pueblo de Israel que fue sanado por el poderoso nombre de Jesucristo de Nazaret, el hombre a quien ustedes crucificaron pero a quien Dios levantó de los muertos. 11Pues es Jesús a quien se refieren las Escrituras cuando dicen: "La piedra que ustedes, los constructores, rechazaron ahora se ha convertido en la piedra principal". 12» ¡En ningún otro hay salvación! Dios no ha dado ningún otro nombre bajo el cielo, mediante el cual podamos ser salvos».

Hechos 4:10-12 (NTV)

Es este hombre Jesús, quien vivió la epitome de la vida de humildad, dependiendo completamente del poder y la autoridad de su Padre, el cual fue escogido por Dios para ser Señor y Cristo.

Humíllense delante del Señor, y el los levantara con honor.

Santiago 4:10 (NTV)

El que se humille ante Dios, es el que siempre será exaltado en grandeza. Esto es un principio y ley del Reino de Dios. Cuando nos levantamos a nosotros mismos, seremos humillados, pero cuando nosotros nos humillemos, Dios nos levantará.

En los últimos días, las escrituras nos enseñan que el Anticristo será uno que se exaltará así mismo por encima de Dios y que demandará ser adorado, sentándose en el templo y declarándose a si mismo Dios. Esta enseñanza está en la Biblia en 2 Tesalonicenses 2.

Satanás ha estado siempre en el negocio de la auto-promoción, y auto-exaltación y sus infames palabras son siempre "Voy a..."

Esto está en conflicto directo y en contraste con el sirviente humilde y aquel que se hace llamar Hijo del hombre, aun cuando Jesús pudo, sin reserva alguna, llamarse el mismo el Hijo de Dios. Hoy vemos al espíritu del orgullo como una falsificación, siempre en competencia con aquellos que escogen ser humildes.

El llamado a la grandeza está pavimentado y tallado para aquellos que se humillan bajo la mano poderosa de Dios y permiten que Dios los exalte cuando fuere su tiempo (1 Pedro 5:6, NTV).

Jesús, el Señor y Salvador, ha puesto el ejemplo para nosotros. Jesús primero entregó su voluntad, y luego entrego su vida. La voluntad tuvo que ser entregada antes que todo. Jesús obedeció las escrituras proféticas concernientes a esto.

Por eso, cuando Cristo vino al mundo, le dijo a Dios: «Tú no quisiste sacrificios de animales ni ofrendas por el pecado. Pero me has dado un cuerpo para ofrecer. No te agradaron las ofrendas quemadas ni otras ofrendas por el pecado. Luego dije: "Aquí estoy, oh Dios, he venido a hacer tu voluntad como está escrito acerca de mí en las Escrituras"». Primero, Cristo dijo: «No quisiste sacrificios de animales ni ofrendas por el pecado; ni ofrendas quemadas ni otras ofrendas por el pecado. Todas esas ofrendas tampoco te agradaron» (aun cuando la ley de Moisés las exige). Luego dijo: «Aquí estoy, he venido a hacer tu voluntad». Él anula el primer pacto para que el segundo entre en vigencia. Pues la voluntad de Dios fue que el sacrificio del cuerpo de Jesucristo nos hiciera santos, una vez y para siempre.

Hebreos 10: 5-9(NTV)

Hebreos 10:5-9 (N

Moisés profetizó acerca de un profeta que el pueblo podría "shama". "Esto es lo que Moisés le dijo a los hijos de Israel, 'El Señor tu Dios levantará para ustedes un Profeta como yo de su hermanos. A él ustedes escucharan'" (Hechos 7:37, RVR1960) Moisés y Jesús están conectados más de lo que usted se pueda imaginar. Por ejemplo, Dios le dio a Moisés los Diez Mandamientos, los cuales El escribió en tablas de piedra que Dios mismo talló del Monte Sinaí.

Sabemos que Moisés tomó las tablas y antes de presentárselas al pueblo, las rompió a causa de la idolatría existente en el campamento, la cual fue condonada por Aarón, el hermano de Moisés. ¿No se ha preguntado usted porque Dios no se enfadó con Moisés por haber roto las tablas?

Enseguida Moisés se dio la vuelta y descendió del monte. Llevaba en sus manos las dos tablas de piedra grabadas con las condiciones del pacto. Estaban escritas a ambos lados, por delante y por detrás. Estas tablas eran obra de Dios; cada palabra estaba escrita por Dios mismo.

Cuando se acercaron al campamento, Moisés vio el becerro y las danzas, y ardió de enojo. Entonces tiró las tablas de piedra al suelo, las cuales se hicieron pedazos al pie del monte.

Éxodo 32:15, 16, 18 (NTV)

He buscado, sin la menor duda, y no he encontrado que Dios se haya enfadado con Moisés por haber roto las tablas, las cuales fueron hechas y grabadas por Dios mismo. Cuando usted piensa en esto, Moisés fue el primero en romper, literalmente, los Diez Mandamientos.

¿Se ha preguntado porque Dios no se enfadó con Moisés? Un día mientras leía esta historia, me apresuré a mirar cual fue la diferencia cuando Moisés recibió los mandamientos por segunda vez. ¿Sabe usted lo que descubrí? La segunda vez Dios no talló las tablas. En vez de eso, permitió que Moisés lo hiciera.

En aquel tiempo, el Señor me dijo: "Talla dos tablas de piedra como las primeras. Y haz también un arca de madera, un cofre sagrado para guardarlas. Sube al monte para encontrarte conmigo, y yo escribiré en las tablas las mismas palabras que había en las que hiciste pedazos. Luego coloca las tablas dentro del arca". »Así que hice un arca con madera de acacia y tallé dos tablas de piedra como las primeras. Luego subí al monte con las tablas en mano. Entonces, una vez más, el Señor escribió los diez mandamientos en las tablas y me las dio. Eran las mismas palabras que el Señor les había dicho desde en medio del fuego el día que se reunieron al pie del monte. Luego bajé del monte y coloqué las tablas dentro del arca del pacto que había hecho como el Señor me había ordenado. Y las tablas aún están allí, dentro del arca».

Deuteronomio 10:1-5

NTV

Entonces Dios le dice a Moisés que tallará las tablas de la montaña, según le había visto a Dios hacer anteriormente, y que las llevara a la montaña para que Dios las grabara. Le fue dicho a Moisés además, que pusiera las tablas inmediatamente en el arca que él había preparado. Yo creo que las primeras tablas que Moisés rompió son tipo del primer hombre, Adán, quien fue formado únicamente por Dios del polvo, soplando vida sobre él, y quien eventualmente murió a causa del pecado.

Sabemos que las primeras tablas fueron hechas solamente por Dios, y el hombre, Moisés, fue solo el recipiente de la ley. Las segundas tablas fueron un tanto diferentes, pues fueron el trabajo del hombre y de Dios. Moisés, el hombre, talló las tablas, y Dios las grabó. Las segundas tablas son tipo del segundo Adán, quien es Cristo. Este segundo hombre, fue un trabajo de Dios y el hombre conjuntamente ya que el Espíritu de Dios descendió sobre carne humana para producir al Mesías Jesús. Entonces cuando la ley fue dada la segunda vez, fue puesta en un arca de madera con una cubierta llamada el propiciatorio. Las tablas que Moisés talló permanecerían cubiertas por la misericordia como tipo y sombra de lo que habría de venir. Dios se ató para siempre con la humanidad así como el segundo Adán tomó carne humana y se "tabernaculizó" entre nosotros.

Es este humilde Señor quien descendió del cielo para estar cerca nosotros, para conocernos y para liberarnos. Además, es este humilde Señor el que nos invita para que nos elevemos y nos acerquemos al trono de la misericordia y de la gracia por la sangre humilde que derramó. Es también este Mesías el que para siempre ha puesto la ley en un arca de gracia cubierta por su sangre expiatoria.

Es en la vida del hombre humilde, Jesús, en la cual encontramos la verdad que dice que la humildad siempre nos conduce a la grandeza. Si no en esta vida, entonces en la venidera, pues la humildad siempre tendrá un lugar especial en el corazón de Dios. Ya que una humildad baja siempre conduce a una mayor grandeza y altura, ¿cuán bajo esta dispuesto a ir?

¡Levántate, Señor, levanta tu brazo! ¡no olvides a los afligidos!
Salmos 10:12 (DHH)

CAPÍTULO SIETE:

Jesús Enseña Sobre La Humildad

Jesus, CUANDO CAMINO por la tierra, no solamente vivió como el hombre más humilde, sino que también enseñó el principio de la humildad a multitudes y a sus discípulos amados. Fue su enseñanza acerca de la humildad la que llenó a los líderes religiosos de ira y de rabia en contra suya, especialmente porque El se negó a jugar con ellos el juego de la auto-justificación. Jesús también se rehusó a confinar sus enseñanzas en el marco del sistema religioso que requería ceguera espiritual de parte de sus seguidores. Debido a que el principio de la humildad no se basa en nuestra propia capacidad o habilidad, sino en la de Dios, no es raro para un ser humilde el causar que aquellos que operan bajo el orgullo se sientan incómodos ante su presencia. El orden jerárquico de la sociedad siempre empuja hacia el frente a aquellos que son más capaces y que saben cómo hablar bien a la gente a los sentidos y emociones de las personas.

Esto, en muchas ocasiones, está en contraste directo con aquellos que como Jesús no encuentran el valor propio o aceptación en el poder o posición temporal, sino que más lo buscan en la gracia que proviene del abrir espacio, para un poder y una fuerza mucho mayor que la propia.

Jesús llevó a cabo enseñanzas extensivas a veces a multitudes y a veces a pequeños grupos de discípulos. Así como lo es hoy, solamente porque un mensaje es enseñado y a veces quizás modelado, no necesariamente permea a través de las capas y niveles de los sistemas de creencias que han sido formados y forjados en la mayoría de nosotros desde que éramos muy jóvenes. Como pastor, yo me encuentro frustrado por no ver más personas caminar en el poder de la Palabra de Dios. A veces pienso que estoy perdiendo mi tiempo, quizás ninguno está escuchando nada de lo que predico. Me supongo que no soy el único predicador que siente como, "Oye, Dios, nadie está escuchando ¿Por qué estoy predicando esto nuevamente?" Ahora sé que la fe viene por "escuchar y escuchar" o por el "shama, shama", pero, hombre, ciertamente desearía que este proceso de cambio no fuera tan lento. Jesús tuvo que lidiar con esto más de una vez. Por favor escuchen:

Entonces Jacobo y Juan, hijos de Zebedeo, se le acercaron, diciendo: Maestro, querríamos que nos hagas lo que pidiéremos. El les dijo: ¿Qué queréis que os haga? Ellos le dijeron: Concédenos que en tu gloria nos sentemos el uno a tu derecha, y el otro a tu izquierda. Entonces Jesús les dijo: No sabéis lo que pedís. ¿Podéis beber del vaso que yo bebo, o ser bautizados con el bautismo con que yo soy bautizado? Ellos dijeron: Podemos. Jesús les dijo: A la verdad, del vaso que yo bebo, beberéis, y con el bautismo con que yo soy bautizado, seréis bautizados; pero el sentaros a mi derecha y a mi izquierda, no es mío darlo, sino a aquellos para quienes está preparado. Cuando lo oyeron los diez, comenzaron a enojarse contra Jacobo y contra Juan. Mas Jesús, llamándolos, les dijo: Sabéis que los que son tenidos por gobernantes de las naciones se enseñorean de ellas, y sus grandes ejercen sobre ellas potestad. Pero no será así entre vosotros, sino que el que quiera hacerse grande entre vosotros será vuestro servidor, y el que de vosotros quiera ser el primero, será siervo de todos. Porque el Hijo del

Hombre no vino para ser servido, sino para servir, y para dar su vida en rescate por muchos.

Marcos 10:35-45 (RVR1960)

Yo se que Jesús no se sorprendió por el pedido de los hijos de Zebedeo, pero ¿se imaginan su descaro? Yo soy judío y les puedo decir que yo lo creo. Yo sé por experiencia propia que los judíos dicen y hacen cosas que muchos otros estarían muy avergonzados en decir. Mi pobre, dulce y gentil esposa, Lisa ha tenido que cubrirme innumerables veces en las cuales he metido la pata sin indignación alguna. (Lo siento, mi bebe, trato verdaderamente de no ser tan judío respecto a eso, pero continuo siendo judío sabiendo que fui bendecido para bendecir.) Entonces, aun cuando Jesús continuaba enseñando y entrenando a sus discípulos acerca de la humildad, ellos seguían sin entenderlo.

Recuerden, no es malo el aspirar los primeros asientos, pero tienen que saber que la mejor forma de llegar alto en el reino de Dios es descendiendo a lo bajo. Nuevamente, esta es la razón del título de este libro "Menguando para Crecer" Me supongo que es cierto cuando decimos, "Es un reinado boca abajo." Para ir hacia arriba, debes primero ir hacia abajo, y el ir hacia abajo, significa que eventualmente subiremos.

Entonces habló Jesús a la gente y a sus discípulos, diciendo: En la cátedra de Moisés se sientan los escribas y los fariseos. Así que, todo lo que os digan que guardéis, guardadlo y hacedlo; más no hagáis conforme a sus obras, porque dicen, y no hacen. Porque atan cargas pesadas y difíciles de llevar, y las ponen sobre los hombros de los hombres; pero ellos ni con un dedo quieren moverlas. Antes, hacen todas sus obras para ser vistos por los hombres. Pues ensanchan sus filacterias, y extienden los flecos de sus mantos; y aman los primeros asientos en las cenas, y las primeras sillas en las sinagogas, y las salutaciones en las plazas, y que los hombres los llamen: Rabí, Rabí. Pero vosotros no queráis que os llamen Rabí; porque uno es vuestro Maestro, el Cristo, y todos vosotros sois hermanos. Y no llaméis padre vuestro a nadie en la tierra; porque uno es vuestro Padre, el que está en los cielos. Ni seáis llamados maestros; porque uno es vuestro Maestro, el Cristo. El que es el mayor de vosotros, sea vuestro siervo. Porque el que se enaltece será humillado, y el que se humilla será enaltecido.

Mateo 10:1-12(RVR1960)

La palabra "humilde" en griego es ταπεινόω—Tapeinoō y de acuerdo con la concordancia Strong esto es lo que significa:

1. Hacerse bajo, traer abajo.
2. Nivelar, reducir a un plano.
3. Metáfora: traer a una condición humilde, reducir a
4. circunstancias menores.
5. Asignar un rango o lugar más bajo.
6. Humillar.
7. Ser clasificado debajo de otros quienes son honrados o recompensados
8. Menospreciar, deprimir.
9. De un alma que derriba el orgullo.
10. Tener una opinión modesta de uno mismo.
11. Comportarse de manera no pretensiosa.
12. Desprovisto de toda soberbia.(7)

Jesús le estaba dando a las masas una imagen visual de contraste. Esta es una forma tradicional en la cual un Rabino enseñaba en aquellos días. Por favor recuerde que Jesús no era solamente el Hijo del Hombre, sino que también era la Palabra de Dios hecha carne.

"Porque la palabra de Dios tiene vida y poder. Es más cortante que cualquier espada de dos filos, y penetra hasta lo más profundo del alma y del espíritu, hasta lo más intimo de la persona; y somete a juicio los pensamientos y las intenciones del corazón."

Hebreos 4:12 (DHH)

Jesús como la Palabra pudo mirar dentro de los pensamientos y las actitudes de las multitudes que lo escuchaban hablar y conocía lo que verdaderamente estaban pensando. Jesús sabía que la gente en el fondo podían ver a través de la hipocresía de sus líderes. ¿Sera diferente hoy en día el que las personas soporten los actos hipócritas de los políticos con sus altos ideales para todos, pero nunca rinden cuentas a la misma ética y normas?

El espíritu de soberbia que estaba operando en los líderes religiosos en la época de Jesús no es diferente a lo que la cultura americana actual es apática acerca de lo que hemos llegado a aceptar, la noción de que "así es como son las cosas y siempre serán así."

Jesús, conociendo las actitudes y los corazones de las personas, comenzó a describir el comportamiento de los líderes religiosos de una forma que confirmó lo que la gente ya sabía, pero nadie tuvo el coraje de decirlo. Jesús, siendo humilde sin esqueletos en su armario, pudo hablar libre de hipocresía, no para condenar, sino para traer a la luz la verdad y el poder de vivir humildemente. Entonces Jesús le decía a la gente inequívocamente, "…porque el que se enaltece será humillado, y el que se humilla, será enaltecido" (Mateo 23:12 RVR1960).

Jesús estaba enseñando un lenguaje extraño a los líderes que le escuchaban. Si leen el capitulo completo de Mateo 23, verán a Jesús reprendiendo a los Escribas y Fariseos. El estaba tratando de enseñar un principio a la gente el cuan no debió ser extraño para

131

ellos. No era algo realmente nuevo, solamente que no se enseñaba ni se vivía antes.

"Porque tu salvaras al pueblo afligido, Y humillaras a los ojos altivos."
Salmos 18:27 (RVR1960)

"El SEÑOR sostiene a los humildes, pero derriba a los perversos y los hace morder el polvo."
Salmos 147:6 (NTV)

"Mejor es humillar el espíritu con los humildes, Que repartir despojos con los soberbios."
Proverbios 16:19(RVR 1960)

"Mira a todos los orgullosos, da rienda suelta a tu furor, y humíllalos."
Job 40:11 (DHH)

"EL orgullo el hombre lo humillara, pero el de espíritu humilde obtendrá honores."
Proverbios 29:23 (LBLA)

"Esto dice el Señor Soberano: "quítate la corona de joyas, porque el antiguo orden esta por cambiar. Ahora los humildes serán exaltados, y los poderosos serán humillados,""
Ezequiel 21:26 (NTV)

Jesús estaba enseñando las mismas cosas que estaban en las escrituras una y otra vez. Incluso David, uno de los grandes reyes de Israel, habló y demostró una vida de humildad.

Cuando el arca de Jehová llegó a la ciudad de David, aconteció que Mical hija de Saúl miró desde una ventana, y vio al rey David que saltaba y danzaba delante de Jehová; y le menospreció en su corazón. Metieron, pues, el arca de Jehová, y la pusieron en su lugar en medio de una tienda que David le había levantado; y sacrificó David holocaustos y ofrendas de paz delante de Jehová. Y cuando David había acabado de ofrecer los holocaustos y ofrendas de paz, bendijo al pueblo en el nombre de Jehová de los ejércitos. Y repartió a todo el pueblo, y a toda la multitud de Israel, así a hombres como a mujeres, a cada uno un pan, y un pedazo de carne y una torta de pasas. Y se fue todo el pueblo, cada uno a su casa. Volvió luego David para bendecir su casa; y saliendo Mical a recibir a David, dijo! Cuán honrado ha quedado hoy el rey de Israel, descubriéndose hoy delante de las criadas de sus siervos, como se descubre sin decoro un cualquiera! Entonces David respondió a Mical: Fue delante de Jehová, quien me eligió en preferencia a tu padre y a toda tu casa, para constituirme por príncipe sobre el   pueblo de Jehová, sobre Israel. Por tanto, danzaré delante de Jehová. Y aun me haré más vil que esta vez, y seré bajo a tus ojos; pero seré honrado   delante de las criadas de quienes has hablado. Y Mical hija de Saúl nunca tuvo hijos hasta el día de su muerte.

2 Samuel 6:16-23 (RVR1960)

La enseñanza de Jesús acerca de la humildad fue muy profunda y más de una vez habló acerca de lo que sucede cuando usted se enaltece y también cuando se humilla a sí mismo.

Observando cómo escogían los primeros asientos a la mesa, refirió a los convidados una parábola, diciéndoles: Cuando fueres convidado por alguno a bodas, no te sientes en el primer lugar, no sea que otro más distinguido que tú esté convidado por él, y viniendo el que te convidó a ti y a él, te diga: Da lugar a éste; y

133

entonces comiences con vergüenza a ocupar el último lugar. Mas cuando fueres convidado, ve y siéntate en el último lugar, para que cuando venga el que te convidó, te diga: Amigo, sube más arriba; entonces tendrás gloria delante de los que se sientan contigo a la mesa. Porque cualquiera que se enaltece, será humillado; y el que se humilla, ser   enaltecido.

Lucas 14:7-11 (RVR1960)

Jesús deseaba enseñar a sus seguidores acerca de la fuerza de la humildad en sus vidas; entonces les dice una parábola acerca de algo que la gente pudiera relacionar. Nuevamente, Jesús toca los corazones de aquellos que desean ser reconocidos, recibidos con honor y ser recompensados. Estas cosas no son malas, negativas o inmorales sino que es así como estamos todos diseñados. Jesús, entonces les comunica a estas personas que no tienen necesidad de ir a buscar estas cosas de ninguna manera. Jesús les dice que no hagan que la exaltación y la preeminencia se manifieste en ellos por su propio poder, ejerciendo sus talentos y competencia o posicionándose en lugares de reconocimiento.

Yo también, como pastor les he dicho a mis líderes que "en esta Iglesia, ustedes jamás tendrán que levantarse a sí mismos de ninguna forma. No tendrán que presumir de sus personalidades, talentos o habilidades." También les digo. "No busquen estar detrás de un titulo que les de reconocimiento. Si es llamado a hacer algo, solo comience a ejercitar su llamado." Les digo, "El titulo no lo hace a usted. Es la función la que le dejará ver su llamado a los demás, y nadie podrá negar lo que Dios desea hacer en y a través de su vida."

Yo soy parte también de una red llamada Ministerio Global Del Reino encabezada por Larry Titus. Siempre que tenemos reuniones y eventos nadie es reconocido o llamado por un titulo delante de su nombre. Somos todos hermanos e hijos de Dios y no tenemos necesidad de exaltarnos nosotros mismos a prominencia, pues eso es lo que Dios nos ha prometido si nos humillamos.

Quisiera que usted, que está leyendo este libro, entienda que nunca tendrá necesidad de enaltecerse o promoverse usted mismo para recibir los deseos de su corazón. En el tiempo oportuno, Dios lo levantará y lo presentará en prominencia y honor, pero si usted hace algo por si mismo, recuerde que será usted solamente quien tendrá que mantenerse en esa posición. Si Dios lo hace, El será quien lo mantenga y sostenga por Su Poder y no el suyo, el cual creo yo, es mucho mejor.

La bendición de la humildad vendrá a aquel que viva en las enseñanzas de Jesús acerca de la humildad. Echemos un vistazo a algunas otras enseñanzas de Jesús acerca de la humildad.

A unos que confiaban en sí mismos como justos, y menospreciaban a los otros, dijo también esta parábola: Dos hombres subieron al templo a orar: uno era fariseo, y el otro publicano. El fariseo, puesto en pie, oraba consigo mismo de esta manera: Dios, te doy gracias porque no soy como los otros hombres, ladrones, injustos, adúlteros, ni aun como este publicano; ayuno dos veces a la semana, doy diezmos de todo lo que gano. Mas el publicano, estando lejos, no quería ni aun alzar los ojos al cielo, sino que se golpeaba el pecho, diciendo: Dios, sé propicio a mí, pecador. Os digo que éste descendió a su casa justificado antes que el otro; porque cualquiera que se enaltece, será humillado; y el que se humilla será enaltecido.

Lucas 18:9-14 (RVR1960)

Esto se está poniendo interesante porque Jesús esta ahora igualando la humildad con el recibir justificación, y no a través de las buenas obras.

Vemos, entonces, a dos hombres muy diferentes a los que el Señor Jesús se refirió, un Fariseo religioso enalteciéndose a sí mismo por las buenas obras que hacía, y menospreciando al otro que era lo opuesto a él. El otro hombre era un recaudador de impuestos, un judío el cual Roma había contratado para hacer su trabajo sucio de imponer y colectar impuestos al pueblo de Israel. Los recaudadores de impuestos eran famosos por apropiarse de parte de los impuestos y no eran considerados justos ni justificados ante Dios por la naturaleza de sus malas actividades.

Hubiera sido obvio si la justicia humana fuera determinante en el destino de estos dos hombres que el Fariseo hubiera ganado el argumento de ser justo sin duda. Sin embargo Jesús respondió con estima al grito de misericordia y otorgó al verdaderamente humilde pero odiado recolector de impuestos un juicio limpio ante Dios, solo porque este hombre se humillo y no se enalteció a sí mismo. Y el Fariseo se fue a su casa del mismo modo que vino, lleno de arrogancia y superioridad por sus buenas obras, su verdadero corazón sin arrepentimiento fue manifestado a través de su oración llena del sucio pecado del orgullo. La escritura nos enseña:

"Porque el juicio será sin misericordia para el que no ha mostrado misericordia; la misericordia triunfa sobre el juicio."

Santiago 2:13 (LBLA)

Dios muestra siempre misericordia a aquellos que se humillen ante El, pero aquellos que se aferran a la auto-justificación y buenas obras no serán justificados ante los ojos de Dios. Esta fue la enseñanza de Jesús acerca de la humildad. Usted no puede venir ante Dios con arrogancia y orgullo. Debe venir humildemente ante El.

Nosotros no hemos cambiado mucho desde los tiempos de Jesús hasta el día de hoy. Cierto es que hoy más que nunca tenemos más tecnología y conocimiento, y es cierto que hay muchos haciendo el bien, pero a veces con la motivación equivocada. Lo que mueve el corazón de Dios se encuentra, nuevamente, en las escrituras.

Recuerde que lo que no es hecho con amor no solamente será quemado, sino que se convertirá solo en ruido para Dios.

Si yo hablase lenguas humanas y angélicas, y no tengo amor, vengo a ser como metal que resuena, o címbalo que retiñe.
2 Y si tuviese profecía, y entendiese todos los misterios y toda ciencia, y si tuviese toda la fe, de tal manera que trasladase los montes, y no tengo amor, nada soy.
3 Y si repartiese todos mis bienes para dar de comer a los pobres, y si entregase mi cuerpo para ser quemado, y no tengo amor, de nada me sirve.

1 Corintios 13:1-3 (RVR1960)

Oh hombre, él te ha declarado lo que es bueno, y qué pide Jehová de ti: solamente hacer justicia, y amar misericordia, y humillarte ante tu Dios.

Miqueas 6:8 (RVR1960)

Jesús enseñó que la salvación no viene por ser bueno o hacer el bien. Jesús también enseño que solo por ser hijo o hija de Abraham llegas automáticamente a las Puertas del Cielo. Esto coincide con la enseñanza de Juan quien enseñó al pueblo a no confiar en su patrimonio terrenal, sino que debían tener un nuevo y renovado pensamiento del reino, el cual es el corazón detrás de la palabra "arrepentimiento."
Nos gusta decir esta palabra a menudo, especialmente cuando sentimos que alguien no se comporta de acuerdo a nuestras convicciones y cuando queremos que ellos sepan que somos más espirituales y sensitivos a Dios que ellos. ¡Orgullo! ¡Orgullo! Quizás lo que realmente sentimos es nuestra propia necesidad de caer sobre la roca y dejar que nuestro orgullo sea inutilizado en tan pequeños pedazos que puedan ser soplados por el viento de Dios.

Veamos más profundamente las enseñanzas de Jesús en lo que respecta a la salvación. Vamos a unirnos a la conversación entre Jesús y un líder religioso quien posiblemente quizás tuvo un corazón humilde.

Había un hombre llamado Nicodemo, un líder religioso judío, de los fariseos. Una noche, fue a hablar con Jesús: —Rabí —le dijo—, todos sabemos que Dios te ha enviado para enseñarnos. Las señales milagrosas que haces son la prueba de que Dios está contigo. Jesús le respondió: —Te digo la verdad, a menos que nazcas de nuevo, no puedes ver el reino de Dios. —¿Qué quieres decir? —exclamó Nicodemo. ¿Cómo puede un hombre mayor volver al vientre de su madre y nacer de nuevo? Jesús le contestó: —Te digo la verdad, nadie puede entrar en el reino de Dios si no nace de agua y del Espíritu. El ser humano solo puede reproducir la vida humana, pero la vida espiritual nace del Espíritu Santo. Así que no te sorprendas cuando digo: "Tienen que nacer de nuevo". El viento sopla hacia donde quiere. De la misma manera que oyes el viento pero no sabes de dónde viene ni adónde va, tampoco puedes explicar cómo las personas nacen del Espíritu. — ¿Cómo es posible todo esto? —preguntó Nicodemo. Jesús le contestó: —¿Tú eres un respetado maestro judío y aún no entiendes estas cosas? Te aseguro que les contamos lo que sabemos y hemos visto, y ustedes todavía se niegan a creer nuestro testimonio. Ahora bien, si no me creen cuando les hablo de cosas terrenales, ¿cómo creerán si les hablo de cosas celestiales? Nadie jamás fue al cielo y regresó, pero el Hijo del Hombre bajó del cielo. Y, así como Moisés levantó la serpiente de bronce en un poste en el desierto, así deberá ser levantado el Hijo del Hombre, para que todo el que crea en él tenga vida eterna. »Pues Dios amó tanto al mundo que dio[g] a su Hijo, para que todo el que crea en él no se pierda, sino que tenga vida eterna. Dios no envió a su Hijo al mundo para condenar al mundo, sino para salvarlo por medio de él.

Juan 3:1-17 (NTV)

Ahora, esta enseñanza a Nicodemo acerca de cómo uno tiene vida eterna ha sido de gran misterio para muchos así como aparentemente desconcertó a Nicodemo. Pero, ¿Que estaba Jesús realmente enseñando? El estaba enseñando como alcanzar el Reino de Dios y la única forma de lograrlo era, de alguna forma, tener una segunda experiencia de nacimiento conocida como "nuevo nacimiento".

Esta enseñanza era extraña para Nicodemo, pero sin mucho entendimiento, el continuo escuchando a Jesús. Aparentemente, algo que dijo Jesús tuvo que haberle llegado porque en el Evangelio de Juan es este hombre Nicodemo quien trae las especias fúnebres a la tumba de Jesús junto a José de Arimatea, otro discípulo secreto de Jesús.

El discurso con Nicodemo es muy claro en cuanto a que la vida eterna debe ser recibida mirando a Jesús de la misma forma que los hijos de Israel miraron a la serpiente de bronce en el poste cuando estaban en el desierto. Era solamente cuando el pueblo miraba a la serpiente en el poste que podían recibir sanidad. El mismo Jesús seria levantado como sacrificio en la cruz y todo aquel quien viere y creyere recibiría vida eterna y salvación.

Así que el pueblo acudió a Moisés y clamó: «Hemos pecado al hablar contra el Señor y contra ti. Pide al Señor que quite las serpientes». Así pues, Moisés oró por el pueblo. Entonces el Señor le dijo a Moisés: «Haz la figura de una serpiente venenosa y átala a un poste. Todos los que sean mordidos vivirán tan solo con mirar la serpiente». 9 Así que Moisés hizo una serpiente de bronce y la ató a un poste. ¡Entonces los que eran mordidos por una serpiente miraban la serpiente de bronce y sanaban!

Jesús se estaba refiriendo a esta escritura y a este incidente cuando dijo que el sería levantado para que creyeran en El para obtener vida eterna. Nuevamente, la vida eterna no era ganada, trabajada, o ni siquiera merecida. Fue dada como un acto de gracia a todos los que conocieron el secreto de hacer espacio para ella. Hoy día, el evangelio simplista de la gracia es enturbiado por el mal entendimiento entre como ser salvos y como deben vivir las personas luego de ser salvos.

Una salvación o conversión genuina puede solamente ocurrir por solo la gracia a través de la fe en Cristo; este es el evangelio de la verdad y lo que la revelación de las escrituras nos comunica. Es solamente, luego de que esta inmerecida y no ganada gracia es recibida, que le enseña a la persona a como comenzar a vivir en el marco y la libertad que solo la gracia nos puede dar.

Las buenas obras jamás pueden lograr la salvación para nosotros. De hecho, estas buenas obras y la lucha para obtener la salvación, serán siempre descartadas y contadas como deuda acumulada ante los ojos de Dios. Las buenas obras deben hacerse no para la salvación sino porque somos ya salvos. Como creyentes, estamos ordenados a caminar hacia estas buenas obras como embajadores de Cristo. Porque muchos han confiado y puesto un énfasis en las obras para la salvación, esto ha servido como agente catalítico de confusión en la iglesia en lo concerniente a la gracia.

El otro lado de este asunto es el abaratar la gracia al no entender el costo y el precio de ese gran regalo de gracia comprado para todo aquel que lo reciba y lo viva. Este es el prefacio de este libro, que la gracia es dada al humilde, y todos aquellos que son orgullosos se encontrarán siendo resistidos por Dios y repelerán la misma gracia que necesitan para su salvación. Entonces, la única forma de recibir esta gracia para ser salvos, es teniendo una conversión sobrenatural que comienza viendo a Jesús en la cruz, maldecido por Dios, cargando mis pecados y los del mundo. La razón de que tengamos que nacer de nuevo es porque, la primera vez nacimos en pecado, y la segunda vez somos nacidos de nuevo libres de este. Cuando Jesús fue a la cruz, fue como un hombre que vivió por encima de cualquier reproche, pecado, o iniquidades inherentes. Así que cuando Jesús murió y se ofreció a sí mismo, no fue por un pecado personal sino para detener la contaminación del pecado sobre aquellos quienes creen en El. Entonces para verdaderamente entender lo que pasa cuando uno nace de nuevo y explicar lo que Jesús le dijo a Nicodemo, debemos continuar aprendiendo más acerca de lo que Jesús dijo de la humildad.

La clave de lo que Jesús está diciendo acerca de la salvación y ser nacido de nuevo, es realmente encontrada en otra enseñanza de Jesús acerca de la humildad. Yo quiero que usted vea lo que los discípulos de Jesús no pudieron dejar de lado. Es la pregunta de saber quién sería el más grande. Esta no es la primera ni la última vez que Jesús tendría que lidiar con este tema.

Quiero reiterarles que el deseo de grandeza y el deseo de ser enaltecido es uno, que no es solamente bíblico, sino también algo innato en todos nosotros. El deseo de ser famosos, el deseo de ser ricos, el deseo de ser exitosos, no es algo malo o incorrecto. De hecho, casi todas las veces en las escrituras, cuando Dios ha sido recibido y bienvenido sobre toda cosa, la persona siempre va más alto, esto es el "Menguando para Crecer" en acción. En cualquier momento en las escrituras cuando alguien tuvo un encuentro con Dios, este fue llevado más alto y hasta enaltecido.

El único problema que tiene Dios con la exaltación es el cómo y el motivo que hay detrás de la exaltación. Si Dios estuviera en contra de la exaltación, las escrituras no nos dijeran como podemos ser enaltecidos, y Jesús jamás nos hubiera enseñado el poder de ser humildes. Pero por nuestra falta de entendimiento de lo que es ser o no ser humildes, tendemos a pensar que alguien con ambición, metas y grandes sueños no puede ser humilde. No creo que debamos castigar a la gente por tener deseos de grandeza y éxito. De hecho, la afluencia y la influencia de las olas de la tecnología y la mediática han traído a la superficie los deseos en nosotros de ser reconocidos y recompensados por nuestros talentos. Nuevamente, por favor, no seamos condescendientes con aquellos que se aprovechan de la tecnología, porque muchas cosas buenas saldrán de esto, especialmente cuando es empleada por aquellos que entienden que Dios debe estar sobre todo y que es la Fuente de toda exaltación y éxito.

Los multifacéticos talentos y regalos que residen dentro del hombre, han sido dados como un regalo de la gracia de Dios. Cuando son vistos desde esta perspectiva y viviendo siempre en el principio de la humildad, estos regalos de la gracia pueden y van a traer a Jesús una gran gloria.

El principio de la humildad es "El poder nunca estriba en mi propia habilidad, sino en la fuerza de Dios que nos lleva a rebajarnos y humillarnos, abriendo espacio para la gracia."

Entonces lo que Dios quiere de nosotros es que siempre nos humillemos, nos postremos y arrodillemos ante El, sabiendo que al hacerlo estaremos continuamente abriendo lugar y atrayendo la gracia de Dios en nuestras vidas. Cuanto más hagamos espacio para la gracia, por el principio de la humildad, más veremos que al humillarnos, Dios siempre será reciproco y nos llevará más alto. Dele un vistazo a estas escrituras para que estemos en la misma página:

"Humíllense delante del Señor, y El os enaltecerá."

Santiago 4:10 (DHH)

"Humíllense, pues, bajo la poderosa mano de Dios, para que El los enaltezca a su debido tiempo."

1 Pedro 5:6 (DHH)

Así que cuando le preguntaron a Jesús acerca de ser el más grande, el no se airó contra los que preguntaron. ¿Escucharon esto? Quiero que ustedes "shama" esta verdad, que Jesús jamás estará enfadado con ustedes por desear conocer o vivir una vida llena de grandeza y éxito. Yo creo que ese tipo de vida está disponible para todos los creyentes dondequiera que vivan, en cualquier cultura, y en la forma en que fueron enseñados.

¡La gracia que viene a las personas humildes no hace acepción de personas, y esto es algo bueno! Usted es un hijo o una hija de Dios y no un hijastro o huérfano. Su Padre es Abba Papa Dios, y su generosidad no conoce barreras. De hecho, la única limitación esta en aquellos que no saben cómo ser humildes y no reciben todo lo que "Abba" tiene reservado para ellos. Una de mis escrituras favoritas es:

"Si Dios no se guardo ni a su propio Hijo, sino que lo entregó por todos nosotros, ¿no nos dará también todo lo demás?

Romanos 8:32 (RVR1960)

Las Escrituras nos ayudan a enfocarnos en Jesús. Lo más preciado para Dios fue su hijo primogénito, sin embargo por amor al mundo, entregó a Jesús por usted y por mí. Dios dice, "Si Yo he dado lo mejor, Mi Hijo a quien amo, ¿cómo no puedo darles algo que es menos que esto?" (Romanos 8:32, versión parafraseada de Ken) Esta escritura es muy poderosa, porque deja ver la generosidad interminable de Dios y su deseo de vernos sin que nos falte algo de ningún modo, o forma. El sacrificio de Jesús pagó, y si, sobre pagó nuestra deuda y la pena del pecado. El gran intercambio es que todo lo que yo merecía, lo llevó Jesús en la cruz y ahora todo lo que Jesús hizo lo recibo gratuitamente por la Gracia. ¡Aleluya! ¡Aleluya! ¡Yo amo el decir Gracia! ¡Gracia!

¡Shalom! ¡Shalom! Me recuerda que todo lo que tengo no es por mí sino por Jesús.

El misterio de nacer de nuevo le fue revelado a Nicodemo en Juan 3, pero para que nosotros lo podamos entender verdaderamente, tenemos que buscar profundamente en las enseñanzas de Jesús. Créalo o no, ser nacido de nuevo tiene que ver con ser humilde.

Ahora, por favor lea esto:

En aquel tiempo los discípulos vinieron a Jesús, diciendo: ¿Quién es el mayor en el reino de los cielos? Y llamando Jesús a un niño, lo puso en medio de ellos, y dijo: De cierto os digo, que si no os volvéis y os hacéis como niños, no entraréis en el reino de los cielos. Así que, cualquiera que se humille como este niño, ése es el mayor en el reino de los cielos.

Mateo 18:1-4 (RVR1960)

Jesús está hablando acerca de entrar en el reino de los cielos y quien va a ser el más grande allí. Jesús, sin ninguna vacilación, señala que quien se humillare como un niño, serán el único en entrar en el reino.

Por favor, vayamos juntos al próximo capítulo y aprendamos más acerca de este niño humilde, del cual Jesús nos habla.

CAPÍTULO OCHO:

Reinando Como Pequeños Reyes

HAY UNA PROFUNDA, y creo que oculta verdad y revelación en las enseñanzas de Jesús la cual entiendo puede causar una revolución de la humildad. Veamos nuevamente lo que Jesús dijo cuando sus discípulos le preguntaron: ¿Quién es el mayor en el Reino de Dios?

En aquel tiempo los discípulos vinieron a Jesús, diciendo: ¿Quién es el mayor en el reino de los cielos. Y llamando Jesús a un niño, lo puso en medio de ellos, y dijo: De cierto os digo, que si no os volvéis y os hacéis como niños, no entraréis en el reino de los cielos. Así que, cualquiera que se humille como este niño, ése es el mayor en el reino de los cielos.

Mateo 18:1-4 (RVR1960)

La Biblia nos dice que a Dios no le preocupa que razonemos usando el intelecto que El nos ha dado cuando se trata de la Palabra de Dios. Solamente porque una verdad es desconocida o no ha sido revelada o entendida, ¿la hace menos cierta? Las leyes que gobiernan el universo están siendo aun descubiertas, sin embargo estas han estado trabajando mucho antes de que usted y yo existiéramos. Al igual que el conocimiento natural está

145

aumentado grandemente según el profeta Daniel lo dijo, yo creo que el conocimiento espiritual y la revelación están multiplicándose a pasos agigantados.

Me agrada oír a diferentes ministros compartir sus inspiraciones y revelaciones bien sean habladas, escritas o por los medios de comunicación. Toda la verdad espiritual al final será enseñada por la unción y enseñanza del Espíritu Santo, quien tomará la verdad revelada y la plantará en un corazón que la pueda recibir. Cuando usted escucha por primera vez una verdad, es el ministerio del Espíritu Santo el que confirma o afirma que es una verdad de Dios para usted.

Para los creyentes en Cristo, cualquier verdad que El no haga real en usted, es solo una palabra de hombre. Cuando el Espíritu Santo vivifica, o hace viva esa palabra, todo cambia, y se convierte en lo que llamamos Rhema, que es una palabra viva o hablada. Es mi oración que el Espíritu Santo haga reales y vivas en su corazón, estas verdades acerca de la humildad y que su vida sea diferente debido a esta nueva y refrescante verdad que ha recibido.

Jesús responde a los deseos de sus discípulos de saber cómo ser el mayor en el Reino de Dios, de una manera muy singular. ¿Habría pensado usted que Jesús pudo haber hablado acerca de uno de los grandes profetas o de los reyes de Israel? Quizás Jesús, hasta hubiese podido hablar de sí mismo como el mayor. Después de todo, ¿No era Jesús el mayor? Pero Jesús no lo hizo así. En cambio, El tomó a un niño y lo puso en frente de ellos. La palabra griega para niño aquí es:

$\pi \alpha \iota \delta$ íov paidion

Un niño joven, niño o niña.

a. Infantes.
b. Niños, pequeños.
c. Un infante.(8)

No sabemos con certeza qué edad tenía el niño, pero de seguro, era muy pequeño y lo más probable, tan joven que no podía discernir entre el bien y el mal y seguramente muy joven para poder hacerse cargo de sí mismo. Entonces ahora Jesús les esta contestando la pregunta de quién es el mayor y les dice que es un niño pequeño. Piense, por un momento, en un niño que no puede hacerse cargo de sí mismo, que posiblemente no puede cocinar, limpiar, y posiblemente ni pueda vestirse él solo.

Entonces el solo hecho de que Jesús escoja a un niño y lo coloque como el mayor en el Reino demuestra que la grandeza en el Reino nada tiene que ver con lo que pueda hacer por usted y para usted. Un niño pequeño es uno que debe ser atendido por los que lo cuidan, usualmente los padres o guardianes. Jesús no solamente les dice a los discípulos que este niño es el mayor. El les dice enfáticamente, que para que alguien pueda siquiera entrar en el reino de los cielos, deberá convertirse en un niño como aquel que se encuentra en medio de ellos. El solo pensamiento de que el mayor en el Reino es un niño indefenso y que para poder entrar en el Reino se deben convertir en niños, es una verdad bien profunda. La palabra convertir viene del griego:

σ τ ρ έφω strephō

1. Virar, dar la vuelta.

2. Volverse uno mismo (Ej. Darle la espalda a alguien)

a. Uno que no se preocupa por otro.

b. Metáfora. Convertirse desde su propio tipo de conducta Ej. Cambiar de parecer.(9)

Ahora Jesús les dice a sus discípulos, "Ustedes deben dar la vuelta y volverse como niños." (Mateo 18:3). Jesús entonces confirma esto una vez más, no solamente diciendo que no entraran en el Reino a menos que no se conviertan como un pequeño niño, sino que también el mayor en el Reino es el que se humilla como un niño.

Así, que cualquiera que se humille como este niño, ese es el mayor en el reino de los cielos.

Mateo 18:4 (RVR1960)

Yo creo que las dos verdades individuales de convertirse y humillarse como un niño, no son verdades separadas sino una combinación que trae a la luz lo que el poder de la humildad es en realidad. Esta enseñanza, también es la continuación de la plática que Jesús tuvo con Nicodemo acerca de nacer de nuevo para poder entrar en el Reino de Dios. Jesús enseña en Mateo que no podemos entrar en el Reino sin esta conversión.

Esta es una profunda y poderosa verdad ya que hoy argumentamos acerca de quién es verdaderamente salvo y quien está basado en algo completamente distinto al criterio que Jesús dio acerca de cómo entrar en el Reino. Jesús está enseñando a los discípulos como ser mayor en el Reino, un fuerte deseo que existía aparentemente entre ellos, así también como nadie puede entrar al Reino sin volverse o convertirse en un niño humilde. La ilustración que Jesús estaba usando no podía ser malentendida o debatida por nadie. Es tan clara que aun un niño la puede entender y recibir.

La enseñanza de Jesús acerca de la humildad era una enseñanza para todos y cada uno de los que quisieran escucharla. No habría exclusión ni excepción para entrar o ser grande en el Reino. La única forma de recibir el Reino era recibirlo como un pequeño y humilde niño.

Cierto día, algunos padres llevaron a sus niños a Jesús para que pusiera sus manos sobre ellos y orara por ellos. Pero los discípulos regañaron a los padres por molestar a Jesús. Pero Jesús les dijo: «Dejen que los niños vengan a mí. ¡No los detengan! Pues el reino del cielo pertenece a los que son como estos niños».

Entonces les puso las manos sobre la cabeza y los bendijo antes de irse.

Mateo 19:13-15 (NTV)

Cierto día, algunos padres llevaron a sus niños a Jesús para que los tocara y los bendijera, pero los discípulos regañaron a los padres por molestarlo. Cuando Jesús vio lo que sucedía, se enojó con sus discípulos y les dijo: «Dejen que los   niños vengan a mí. ¡No los detengan! Pues el reino de Dios pertenece a los que son como estos niños. Les digo la verdad, el que no reciba el reino de Dios como un niño nunca entrará en él» Entonces tomó a los niños en sus brazos y después de poner sus manos sobre la cabeza de ellos, los bendijo.

Marcos 10:13-16 (NTV)

Entonces Jesús llamó a los niños y dijo a los discípulos: «Dejen que los niños vengan a mí. ¡No los detengan! Pues el reino de Dios pertenece a los que son como estos niños. Les digo la verdad, el que no reciba el reino de Dios como un niño nunca entrará en él».

Lucas 18:16-17 (NTV)

Creo que hemos establecido, a través de varios textos bíblicos, que esta es la humildad que Dios exaltará. Además, para que alguien pueda, siquiera, entrar o ser grande en el Reino, esa persona debe convertirse y de alguna forma, ser transformado en un pequeño y humilde niño. Quiero enfatizar esto, especialmente, cuando hablamos de salvación y de la promesa de la vida eterna. A veces olvidamos que la religión judeo-cristiana está basada siempre en el amor y en la gracia de Dios y en todos los que desean poner su confianza y descanso en lo que Dios nos ha provisto gratuitamente.

Jesús se identificó como un Hijo que puso toda su confianza completamente en su Padre. Sabemos que Jesús vivió su vida completamente en una continua humildad, confiando y dependiendo totalmente de su Abba Padre.

"Él respondió: <Yo no fui enviado sino a las ovejas perdidas de la casa de Israel>"

Mateo 15:24 (RVC)

Fueron estas ovejas perdidas las que comenzaron a vivir y a creer de manera diferente acerca de la humildad de los patriarcas y la cambiaron por el orgullo de los fariseos. En esencia, ellos compraron la mentira de la religión, la cual, le dice al hombre que puede ser suficientemente bueno o trabajar lo suficientemente fuerte, para estar cerca de Dios. La enseñanza de Jesús no era acerca de la religión, sino de la relación personal con un Dios bueno y amoroso que deja una abundante herencia a todos Sus hijos.

Esta revelación que estoy a punto de compartir con ustedes no la he escuchado de nadie más. Si la hubiera escuchado de alguien, no estaría asustado o dudoso de compartirla, pues creo que le hará cambiar su vida y su perspectiva en lo que respecta a su relación con Dios.

Jesús dijo mas de una vez, "Cualquiera que no reciba el Reino como un niño no entrara en el." (Lucas 18:17 y Marcos 10:15) Debido a que nosotros escuchamos y leemos con una mente occidental y no con el marco de referencia judío, del pueblo a quien Jesús le enseñaba primordialmente, algunas veces nos perdemos de un conocimiento más profundo, poderoso y quizás común, de aquellos a quien Jesús les hablaba.

Nuevamente, como soy judío y mi esposa a quien la gente llama Ruth (que es solo una manera de decir que es una mujer gentil que ama a los judíos, ¡Aleluya!), se que debido a nuestra crianza, mi esposa y yo vemos a Dios en una forma distinta. Ella creció en un ambiente pentecostal, y yo crecí en un ambiente judío, entonces ¡no hay nada más que decir, ustedes se pueden imaginar el resto! Ahora, la primera vez que vi esta revelación fue hace un año y me desconcertó. Ve usted a Jesús hablándole a otros judíos, quienes nacieron y se criaron estudiando y aprendiendo la Tora y las historias del Antiguo Testamento. Cuando Jesús hablaba, ellos filtraban lo que les decía, a través de lo que ya habían estudiado y aprendido.

Por esta razón, cuando Jesús dijo que la única forma de entrar al Reino era siendo como un niño, el pueblo debió haber tenido un momento en donde se le encendió el bombillo. Es decir, ellos debieron haber pensado, "¿Quién en el Antiguo Testamento recibió un reino siendo niño?" ¿Sabía usted que existieron dos reyes niños en la historia de Israel? Uno fue rey de Judá y el otro fue rey de Israel. Entonces, cuando Jesús les enseñó a los judíos acerca de recibir el Reino como un niño, sus mentes los debieron haber remontado a los tiempos de estos reyes que recibieron sus reinados siendo niños. Espero haber logrado capturar su atención ya que la primera vez que yo vi esto, de seguro Dios capturo la mía.

Los dos niños reyes fueron Josías y Joás. Josías tenía ocho años cuando se convirtió en rey, y Joas tenía siete años. Permítanme hacerles una pregunta, ¿se sentirían cómodos si el líder de la nación en donde viven tuviera solamente siete u ocho años de edad? ¿Dirían ustedes que un niño de siete u ocho años está calificado de algún modo para dirigir a alguien, y en efecto a una nación? ¿Estaría Dios diciéndonos que, "Para recibir mi reino tenemos que humillarnos y recibirlo como un niño que no tiene nada en si mismo que lo haga merecedor de recibir tal reino"?

Joás tenía siete años cuando subió al trono.

2 Reyes 11:21 (NTV)

Este Joás recibió el reino a los siete años de edad. Comenzó a reinar en el trono de Judá siendo un pequeño niño. ¿Suena familiar? Recibió el reino siendo un pequeño niño según dijo Jesús. Ahora, lo interesante de esta historia son los detalles. Continuemos leyendo:

Joás comenzó a gobernar Judá durante el séptimo año del reinado de Jehú en Israel y reinó en Jerusalén cuarenta años. Su madre se llamaba Sibia y era de Beerseba. Durante toda su vida Joás hizo lo que era agradable a los ojos del Señor porque el sacerdote Joiada lo aconsejaba;

2 Reyes 12:1-2 (NTV)

La clave del éxito de Joás fue que como un humilde niño rey, estaba receptivo a las instrucciones del sacerdote Joiada quien pudo instruirlo y entrenarlo sobre como reinar sobre Judá siendo un niño rey. Mire la palabra hebrea para la enseñanza de Joiada:
Instruido: הרי yarah
1.   tirar, lanzar
2.   disparar
3.   indicar, mostrar
4.   dirigir, enseñar, instruir
5.   echar agua, lluvia.(10)

La habilidad que un niño tiene de aprender, seguir, y confiar en aquellos nombrados como sus maestros, viene naturalmente de un niño humilde.
Desafortunadamente, a medida que crecen, no siempre es así. De modo que cuando Jesús está hablando acerca del Reino que debe ser recibido como un pequeño y humilde niño, se está refiriendo a Joás que reinaba siendo un niño, pero totalmente dependiente de la sabiduría de la enseñanza del sacerdote Joiada.

Esta es la forma como nosotros como niños reyes quienes hemos recibido el Reino de Dios deberíamos reinar, siempre humildes y totalmente dependientes del maestro, el Espíritu Santo, quien nos imparte y enseña la Palabra de Dios.

Nuevamente, mientras Joás escuchaba y seguía las instrucciones de Joiada como un niño humilde, Joas dirigía a Judá exitosamente como un niño rey.

Luego, encontramos a Joás recibiendo el reino a los siete años, por la única razón de tener sangre real y ser del linaje del rey. Ah, por cierto, hay una historia muy interesante en la Biblia acerca de cómo Joás se convirtió en rey a los siete.

Cuando Atalía, la madre del rey Ocozías de Judá, supo que su hijo había muerto, comenzó a aniquilar al resto de la familia real; pero Josaba, hermana de Ocozías e hija del rey Yoram, tomó a Joás, el hijo más pequeño de Ocozías, y lo rescató de entre los demás hijos del rey que estaban a punto de ser ejecutados. Puso a Joás y a su nodriza en un dormitorio y lo escondieron de Atalía; por eso el niño no fue asesinado. Joás permaneció escondido en el templo del Señor durante seis años, mientras Atalía gobernaba el país

2 Reyes 11:1-3 (NTV)

Atalía se había proclamado reina aun cuando no tenía derecho legítimo o legal para acceder al trono de Judá. Ella no era heredera, pero se había robado el reino y se estaba apoderando de todo lo que podía acaparar.

Fue durante este tiempo que el verdadero heredero fue escondido en el templo, siendo cuidado como el niño quien era el rey legítimo y legal debido a su sangre real. El sacerdote que luego instruye a Joás durante su reinado entiende su propósito y llamado de instalar al verdadero rey en su lugar aun cuando el verdadero rey es muy, muy joven.

Es en el año séptimo cuando Joiada el sacerdote muestra por primera vez al heredero y verdadero rey a los líderes y se divisa un plan para ungir al joven rey y echar fuera a la falsa reina Atalía. El sacerdote hace un pacto con el pueblo, y ellos no solamente matan y remueven a la reina mala, sino que también remueven todos los altares que ella había levantado y al sacerdote de Baal, en lugar del verdadero Dios Jehovah.

Todo esto fue hecho en el nombre del Rey Joás sin su conocimiento ni aprobación. El no lo ganó, ni trabajó por ello, ni lo mereció, ni siquiera comprendió lo que fue hecho para él. Como un niño rey, el fue solo a Joás para el recibir su justa herencia.

Ya que debemos relacionar esto con la enseñanza de Jesús acerca de recibir el reino como un niño humilde, así como lo es para nosotros, como humildes hijos de Dios, ¿hemos trabajado, merecido, o hemos recibido la grandeza del reino de nuestro Dios, que nos ha sido dado a nosotros libre y abundantemente?

¿Recibimos el reino por gracia o por obras? ¿Tenemos nosotros una comprensión y un entendimiento de las llaves del reino, las cuales son nuestras ahora, quienes como Joás, tenemos que depender del Sumo Sacerdote Jesús y El Espíritu Santo para que nos enseñen acerca de nuestra herencia? Estas enseñanzas de recibir el reino como un niño rey, ¿no te perturban aunque sea un poco?

La mentalidad judía se habría relacionado con las enseñanzas de Jesús y habría entendido a los dos niños reyes que recibieron el reino como niños pequeños. La imagen de humildad era más clara para ellos que para la iglesia de hoy. Jesús quería que sus discípulos conocieran que los mayores en el reino eran los que pudieran simplemente recibir su herencia como niños.

Una herencia es normalmente entregada cuando alguien muere y deja a sus herederos lo que ellos nunca trabajaron, ni ganaron, ni probablemente se merecieron. De hecho, una herencia es un regalo de pura gracia. Aquellos que han sido tan afortunados de estar en la posición de recibir, saben lo humilde que esto puede ser.

Muchas veces el precio que fue pagado por lo que gratuitamente nos ha sido dado en herencia, no será totalmente comprendido por los herederos de esa herencia.

Sabemos que la gracia, la podemos recibir libremente, por el sacrificio y el alto costo que pagó Jesús, para darnos lo que no ganamos, ni trabajamos ni merecemos. Jesús también enseña esta misma verdad en las bienaventuranzas.

Ahora, cuando Jesús vio a la multitud, subió a una montaña. Se sentó y sus discípulos vinieron a Él. Les enseño diciendo:

Dichosos los humildes, porque heredaran la tierra prometida.
Mateo 5:5 (DHH)

La palabra griega para heredar es: κληρονομέω klēronomeō
1.   Recibir mucho, recibir por mucho.

  a. Ej. Recibir como parte de una herencia, recibir como herencia, obtener por derecho de herencia,
    b. Ser un heredero, heredar.

    2. Recibir una porción asignada a uno, recibir una porción separada, recibir como suyo una posesión.

    3. Formar parte de…, obtener.(11)

La palabra traducida en varias versiones como "manso" es la palabra griega: πραΰς prays
Suave de disposición, suavidad de espíritu, mansedumbre
Mansedumbre para con Dios es la disposición de espíritu en la cual aceptamos sus tratados con nosotros como buenos, y por

consiguiente sin discusiones o disputas o sin resistir. En el Antiguo Testamento, los mansos eran aquellos que confiaban en Dios en vez de su propia fuerza para defenderse ante la injusticia. Entonces, la mansedumbre ante gente mala significa el saber que Dios permite los ataques, para purificar a sus elegidos y que él los librará en su tiempo (Isaías 41:17, Lucas 18:1-8). Mansedumbre o humildad es lo opuesto a auto-afirmación y auto-interés. Esto nace del confiar en la bondad y el control de Dios sobre cada situación. La persona mansa no se ocupa de sí mismo en lo absoluto. Esto es trabajo del Espíritu Santo y no de la voluntad humana. (Gálatas 5:23).(12)

En el Antiguo Testamento hay una estrecha línea entre las palabras humildad y mansedumbre, que es virtualmente irreconocible. De hecho, Jesús cita una escritura del Antiguo Testamento en sus bienaventuranzas. Quizás la manera más adecuada de definir mansedumbre es "humildad en acción, o vivir humildemente".

Nuevamente, en el Antiguo Testamento la misma palabra hebrea (ענו - `anav) es traducida muchas veces como "humilde" en vez de "manso".

Pero los humildes ((ענו - `anav) heredarán la tierra, y disfrutarán de gran   bienestar.

Salmos 37:11 (RVC)

La misma idea de manso o humilde se encuentra en estas escrituras:

El Señor se complace en su pueblo, y bendice a los humildes ((ענו - `anav) con su salvación.

Salmos 149:4 (RVC)

Al levantarse Dios para juzgar, para salvar a todos los humildes ((ועני -`anav) de la tierra. (Selah)

Salmos 76:9 (LBLA)

Hay una importante verdad y una bendición para aquellos que escogen vivir en humildad en vez del orgullo. Cuando operamos en el orgullo, no solamente Dios nos resiste, sino que nosotros podremos actuar solamente, por nuestras propias fuerzas y habilidades.

Lo que Jesús enseña en las bienaventuranzas y más íntimamente a sus discípulos, es que cuando usted recibe el Reino como un niño, no obtiene lo que hace o puede hacer, sino lo que Dios le ha dado abundantemente, en forma de herencia. La idea de herencia también es rica a través del Nuevo Testamento, pero hablare más de esto más adelante.

Por ahora, veamos a Josías y como recibió el Reino y comenzó a hacerlo en Jerusalén, con tan solo ocho años de edad,

Josías tenía ocho años cuando comenzó a reinar, y reinó treinta y un años en Jerusalén. Su madre se llamaba Yedidá hija de Adaías, y era de Boscat. Josías hizo lo recto a los ojos del Señor y se condujo en todo como su antepasado David, sin apartarse un ápice.

2 Reyes 22:1-2 (RVC)

Lo que hizo único en Josías fue su reinado a los ocho años de edad. Este niño rey, había sido profetizado trescientos años antes de que naciera como uno que traería una reforma espiritual a Israel. Luego, a su temprana edad, Josías, aunque inexperto en el liderazgo, comenzó a seguir su corazón y luego a la Palabra de Dios, para después traer grandes reformas como un niño rey. Cuando Josías descubrió los rollos de la Tora enterrados durante su restauración, hizo que se los leyeran. Inmediatamente se dio cuenta como Israel estuvo viviendo en gran desobediencia al no seguir la Palabra de Dios. Josías busco dirección de los profetas y sacerdotes, y debido a su habilidad de mantenerse humilde, el desastre inminente fue pospuesto para otro tiempo.

"Esto dice el Señor: 'Traeré desastre sobre esta ciudad y sobre sus habitantes. Todas las palabras escritas en el rollo que el rey de Judá leyó se cumplirán, pues los de mi pueblo me han abandonado y han ofrecido sacrificios a dioses paganos. Estoy muy enojado con ellos por todo lo que han hecho. Mi enojo arderá contra este lugar y no se apagará'".»Vayan a ver al rey de Judá, quien los envió a buscar al Señor, y díganle: "Esto dice el Señor, Dios de Israel, acerca del mensaje que acabas de escuchar: 'Estabas apenado y te humillaste ante el Señor al oír lo que yo pronuncié contra esta ciudad y sus habitantes, que esta tierra sería maldita y quedaría desolada. Rasgaste tu ropa en señal de desesperación y lloraste delante de mí, arrepentido. Ciertamente te escuché, dice el Señor. Por eso, no enviaré el desastre que he prometido hasta después de que hayas muerto y seas enterrado en paz. Tú no llegarás a ver la calamidad que traeré sobre esta ciudad'"».

2 Reyes 22:16-20 (NTV)

Cuando se refiere a reinar como un niño rey según Josías, debemos mantenernos humildes, aun después de haber estado en las trincheras, figurativamente, por un tiempo.

Entonces, cuando Jesús dijo que recibieran el reino como niños, El sabía exactamente qué y a quien El se estaba refiriendo. El quería que el pueblo viera cuan poderosa y pura la humildad se proyecta cuando viene de un niño pequeño.

Cuando un niño es pequeño, el no conoce del orgullo. Desafortunadamente lo aprenderá luego. ¡Cuando un niño es pequeño tiene una inocencia y una belleza espectacular! Yo amo a nuestros niños en mi iglesia. Amo su fe, y amo el que quieren hacer lo correcto y su deseo de ser buenos.

Aquellos que han sido dañados durante la travesía de la vida hacen tanto daño al tratar de quitarles la inocencia, la transparencia y vulnerabilidad de nuestros niños, solo para corromperlos. Está en mi corazón y es mi plegaria que todos volvamos a la belleza e inocencia se ser niños pequeños.

Después de todo esa es la única forma de alcanzar el reino. ¿No es tiempo ya de ver la verdadera conversión y el volver atrás a los corazones humildes de los niños, para ser los mayores en el reino de Dios?

Oremos:

Padre, haz mi corazón tierno y puro y convierte mi corazón para volver a ser un niño ante Ti. Recibo tu Reino ahora como un niño pequeño. Como Joás,   mantengo mis oídos abiertos a la instrucción de mi Sumo Sacerdote Jesús y el Espíritu Santo quien es mi maestro. Como Josías, me mantengo tierno y   humilde, no solo hoy, sino a través de toda la travesía de mi vida de fe. Renuncio al orgullo y a la arrogancia y me doblego y me hago humilde ente Ti, Abba Papa Dios. Intencionalmente, hago espacio para tu poder, tu fuerza, y más que todo tu Gracia al escoger recibir tu Reino como un niño humilde. Amén.

CAPÍTULO NUEVE:

La Herencia que Solo la Gracia Puede Dar

CONTINUEMOS PUES, en nuestra travesía en un aspecto de la humildad que tocamos brevemente en el capitulo anterior pero no debemos detenernos ahora. La revelación de que somos niños reyes y que recibimos nuestra herencia a través de la gracia debe ser totalmente descubierta y explorada. Hay revelación y verdades en la Biblia que pensamos conocer y como que le damos un vistazo o la saltamos, creyendo que ya sabemos eso, que lo hemos oído, o "Si, si... ya es suficiente por ahora, continuemos."

Usualmente, como un tesoro escondido, la Palabra de Dios ha sido enterrada debajo de lo que los ojos naturales pueden ver. Así como todo lo que está escondido, tiene que ser descubierto, destapado, y finalmente presentado a aquellos que ni siquiera creyeron que estaba escondido, desde el comienzo. De esta forma, la revelación de vivir en humildad ha sido, quizás, enterrada por algún tiempo para prepararnos, lanzarnos hacia arriba y llevarnos de gloria en gloria.

Cuando alguien recibe una herencia, es debido a una relación, y no por actuación o por trabajo propio.

Definición de herencia

a. el acto de heredar algo.
b. el recibir cualidades genéticas por transmisión de padres a hijos.
c. la adquisición o posesión, condición, o rasgo de generaciones pasadas.
d. algo que es o puede ser heredado.
e. Tradición.
f. una posesión valiosa la cual es herencia común de la naturaleza.(13)

Cuando la Biblia habla de herencia, es siempre el resultado de transferir de una persona o generación a otra, debido a una relación matrimonial o sanguínea. Las escrituras que tocan el tema de la herencia son muchas. No podríamos hablar de ellas una por una. Diría yo de entrada, que la bendición más grande dada por Dios siempre ha sido por gracia y no por obras.

"no devolviendo mal por mal, o insulto por insulto, sino mas bien bendiciendo, porque fuisteis llamados con el propósito de heredar bendición."

1 Pedro 3:9 (LBLA)

¿Puede ver que como creyente fue llamado a heredar una bendición? Esta es la bendición que solo la gracia puede dar.
"y que no estén desanimados, sino que sean imitadores de los que por la fe y la paciencia han llegado a ser herederos de La Promesa."

Hebreos 6:12 (BIBLIA PESHITTA)

Debemos ahora distinguir entre aquellos que reciben la herencia de bendición y aquellos que no la reciben. Jesús fue el primero en recibir la herencia de bendición de su Padre, porque El se doblego, humillándose más que cualquier otro hombre. El precio de la

161

humildad no es nada comparado con la gloria de la herencia que uno puede recibir cuando le damos lugar a la gracia. Desafortunada y ciertamente, quienes no le dan lugar a esta gracia, no recibirán la herencia que ha sido puesta a disposición de aquellos que son humildes. Un ejemplo de los que no reciben la herencia la encontramos en la historia de Esaú.

Tengan cuidado. No vayan a perderse la gracia de Dios; no dejen brotar ninguna raíz de amargura, pues podría estorbarles y hacer que muchos se contaminen con ella. Que no haya entre ustedes ningún libertino ni profano, como Esaú, que por una sola comida vendió su primogenitura. Ya ustedes saben que después, aunque deseaba heredar la bendición, fue rechazado y no tuvo ya la oportunidad de arrepentirse, aun cuando con lágrimas buscó la bendición.

Hebreos 12:15-17(RVC)

Ahora sabemos que Esaú, el primogénito de Jacob estaba en línea como el legítimo heredero para recibir la herencia de la bendición. La línea sanguínea de Esaú le aseguraba la bendición por gracia, pero el vendió su progenitura por un plato de lentejas. Quizás Esaú pensó que podía de algún modo, recuperar su progenitura y la herencia de bendición, pero fue demasiado tarde para eso. De la misma forma, solo aquellos que por su humidad, dan lugar para la herencia de la bendición, recibirán su justa herencia.

Porque si los que son de la ley son herederos, vana resulta la fe y anulada la promesa.

Romanos 4:14 (LBLA)

Que poderosa escritura y es la razón por la cual muchos de los hijos de Dios no reciben su herencia de gracia que Dios tiene para ellos. Todas las promesas de Dios son dadas a aquellos quienes entienden que son y quiénes son en Cristo. La herencia de la gracia es dada a aquellos que reciben el reino como niños pequeños y por consiguiente las obras nada tienen que ver con ello, solamente el creer y recibir la simplicidad de la Palabra de Dios.

Yo quiero que usted vea las promesas que nos han sido dadas a nosotros por herencia y por nuestra relación con Cristo.

Cristo nos redimió de la maldición de la ley, y por nosotros se hizo maldición (porque está escrito: «Maldito todo el que es colgado en un madero»), para que en Cristo Jesús la bendición de Abrahán alcanzara a los no judíos, a fin de que por la fe recibiéramos la promesa del Espíritu. Porque si la herencia es por la ley, ya no es por la promesa; pero Dios la concedió a Abrahán mediante la promesa.

Gálatas 3:13, 14, 18 (RVC)

Pues ustedes no han recibido un espíritu que los esclavice nuevamente al miedo, sino que han recibido el espíritu de adopción, por el cual clamamos: ¡Abba, Padre! El Espíritu mismo da testimonio a nuestro espíritu, de que somos hijos de Dios. Y si somos hijos, somos también herederos; herederos de Dios y coherederos con Cristo, si es que padecemos juntamente con él, para que   juntamente con él seamos glorificados.

Romanos 8:15-17 (RVC)

Todo lo que Dios ha hecho por usted y por mí, lo ha hecho libremente a través de Jesús nuestro mesías. Cada bendición es un resultado de la herencia que nos ha sido dada libremente, que ha sido pre-pagada para nosotros y las bendiciones de la gracia y nuestra herencia están ahora en una tarjeta de debito pre-pagada celestial.

El corazón del evangelio ha sido dado siempre por gracia y a través de Cristo solamente. Lo único que tenemos que hacer es no trabajar(confíe en mí, yo sé que esto es un oxímoron) pero nosotros debemos escoger, creer y recibir los dones de nuestra herencia y la bendición que nos ha sido dada libremente por la sangre expiatoria y la redención que nos conecta y une con Jesús el Mesías.

Por lo tanto, los ángeles solo son sirvientes, espíritus enviados para cuidar a quienes heredarán la salvación.

Hebreos 1:14(NTV)

Y ahora los encomiendo a Dios y al mensaje de su gracia, que tiene poder para edificarlos y darles una herencia junto con todos los que él ha consagrado para sí mismo.

Hechos

20:32 (NTV)

Librándote del pueblo judío y de los gentiles, a los cuales yo te envío, 18 para que abras sus ojos a fin de que se vuelvan de la oscuridad a la luz, y del dominio de Satanás a Dios, para que reciban, por la fe en mí, el perdón de pecados y herencia entre los que han sido santificados.

Hechos 26:17-18 (LBLA)

No hay duda que Dios quiere que su pueblo reciba la herencia de la gracia que El ha provisto gratuitamente, sin embargo a veces algunas buenas personas han sido equivocadamente llevadas por enseñanzas religiosas que parecen envolver sus mentes alrededor de la gracia, y siempre están equiparando las cosas buenas y malas que les pasan con su comportamiento y sus obras.
Esto es especialmente cierto en los círculos pentecostales y carismáticos en donde la gracia no ha sido predicada por temor a

que la gente salga corriendo despavorida. Aunque yo entiendo de donde provienen ellos, no es una doctrina bíblica sana y la falta de predicar la gracia mantiene a las personas en un ciclo de conciencia de pecado en lugar del don de la justicia, el cual Jesús pagó a un gran precio.

Las tácticas de miedo, en mi opinión, sinceramente no funcionan para mantener a nadie sirviendo o creciendo en los asuntos de Dios.

Yo creo que solamente cuando el pueblo recibe verdaderamente el amor que Dios tiene para ellos, es cuando se convierten en adoradores de Dios. Otra cosa que se interpone en algunos círculos es el sentido y la enseñanza de la falta de dignidad. Esta es una forma de humildad falsa como tal y mantiene al pueblo de Dios atado y siempre mirándose a sí mismo, en vez de mirar la provisión abundante y gloriosa que viene de mirar a Cristo y lo que él solo nos ha provisto.

Como ministro, veo personas venir con todo tipo de enseñanzas que han formado profundas capas de resistencia y fortalezas mentales, que los mantienen alejados de la herencia de la gracia que Jesús vino a darnos. Por eso es muy importante el continuar abriendo espacio para la gracia de Dios manteniéndose y vistiéndose de humildad.

Y todos vístanse con humildad en su trato los unos con los otros, porque «Dios se opone a los orgullosos pero da gracia a los humildes» 6 Así que humíllense ante el gran poder de Dios y, a su debido tiempo, él los levantará con honor. 7 Pongan todas sus preocupaciones y ansiedades en las manos de Dios, porque él cuida de ustedes.

1 Pedro 5:5b-7 (RVC)

Las bendiciones y herencia de la gracia son dadas a aquellos que están en Cristo. Estas bendiciones tienen mucho que decir acerca de su corazón y amor por nosotros, sus amados. Nuevamente, el regalo de la gracia o herencia no nos dice que somos merecedores ni que nos hemos ganado esas bendiciones. Las bendiciones provienen del corazón de un Jesús humilde quien se hizo inferior, para que finalmente pudiera llevar a su pueblo más arriba y llamarnos a sentarnos con El en los lugares celestiales. ¡Gracias a Dios que existe un "Menguando para Crecer".

En él asimismo participamos de la herencia, pues fuimos predestinados conforme a los planes del que todo lo hace según el designio de su voluntad, que es la garantía de nuestra herencia hasta la redención de la posesión adquirida, para alabanza de su gloria. Pido también que Dios les dé la luz necesaria para que sepan cuál es la esperanza a la cual los ha llamado, cuáles son las riquezas de la gloria de su herencia en los santos,

Efesios 1:11.14.18 (RVC)

¡Ahora mismo estoy tan emocionado, y mi espíritu salta de alegría, porque sé que lo estoy entendiendo y me pregunto usted también? La herencia que Dios nos da gratuitamente es actualmente confirmada con la presencia del Espíritu Santo que viene a morar en cada persona que es nacida de nuevo. Es también el ministerio o profesión del Espíritu Santo el siempre recordarnos las palabras de Jesús y confirmar su trabajo en nosotros como Espíritu de Verdad. El espíritu Santo no puede alejarle de la Palabra de Dios y de la verdad. Él le afirmará como un hijo amado de Dios, recipiente de las bendiciones gratuitas de la gracia y continuará siendo su consolador, maestro, guía, y amigo. Es el Espíritu Santo quien también le recuerda de su herencia y habilidad para mantenerle hasta los días en que Jesús regrese de nuevo.

Según el propósito de Dios Padre y mediante la santificación del Espíritu, para   obedecer a Jesucristo y ser limpiados con su sangre. Que la gracia y la paz les sean multiplicadas. Bendito sea el Dios y Padre de nuestro Señor Jesucristo, que por su gran misericordia y mediante la resurrección de Jesucristo nos ha hecho nacer de nuevo a una esperanza viva, para que recibamos una herencia incorruptible, incontaminada e imperecedera. Esta herencia les está reservada en los cielos a ustedes, que por medio de la fe son protegidos por el poder de Dios, para que alcancen la salvación, lista ya para manifestarse cuando llegue el momento final.

1 Pedro 1:2-5 (RVC)

Y finalmente, les quiero dejar con la historia de Abraham quien recibió su herencia al creer lo que Dios le había dicho. Fue Abraham quien se humilló a sí mismo para recibir así, lo que era imposible lograr con su propia habilidad y fuerza humana. Abraham tuvo que aprender a confiar en la herencia que Dios le daría, la cual sería mucho más grande que cualquier cosa que él se hubiera podido imaginar. Es por esto que Dios llevó a Abraham fuera de su tienda para que viera las estrellas del cielo y luego la arena del mar, como una ilustración visual de lo que Abraham obtendría a través de la herencia de Dios.

Por la fe, Abrahán obedeció cuando fue llamado, y salió sin saber a dónde iba, y se dirigió al lugar que iba a recibir como herencia. Por la fe, habitó en la tierra prometida como un extraño en tierra extraña, y vivió en tiendas con   Isaac y Jacob, quienes eran coherederos de la misma promesa; porque esperaba llegar a la ciudad que tiene fundamentos, cuyo arquitecto y constructor es Dios.

Hebreos 11:8-10 (RVC)

Cuando la escritura dicen que Abraham salió, está hablando acerca de cómo el dejó todo lo que le era familiar, incluyendo su familia,

167

cultura, y amigos para poder seguir y caminar delante Dios. La travesía fue la que le obligó a vivir en el poder del principio de la humildad.

El principio de la humildad podemos definirlo como "el poder nunca está en mi propia habilidad sino en la fuerza de Dios, que proviene de doblegarme y humillarme a mí mismo ante El, abriendo espacio intencionalmente para la gracia de Dios."

El principio de recibir la herencia de la gracia no es distinto para nosotros hoy día. Pero aun, si nosotros insistimos en someternos a nuestras creencias, cultura y hasta nuestra familia, por encima del seguir a Dios, escogeremos y negaremos la herencia que solamente proviene del ser humilde y abrir espacio para Cristo, quien nos da lo que ningún familiar, cultura o amigo puede dar, o hacer por nosotros.

Esta es la herencia que solo la gracia nos puede dar y es solo para aquellos que se humillen lo suficiente para recibir su gran riqueza.

Pues si por la transgresión de uno solo reinó la muerte, mucho más reinarán en vida los que reciben la abundancia de la gracia y del don de la justicia mediante un solo hombre, Jesucristo.

Romanos 5:17 (RVC)

CAPÍTULO DIEZ:

EL Amor Humilde

La GRACIA QUE nos trae nuestra herencia es nacida en el amor de Dios por su pueblo. Es sólo cuando usted logra deslumbrar el amor que Dios que El tiene por usted, que no dudará en humillarse e incluso acercarse confiadamente al trono de su gracia. La comprensión del amor de Dios no viene naturalmente o es entendido por nuestra mente o nuestra naturaleza carnal no redimida. El amor que Dios tiene para con nosotros ha sido comparado al de una madre o al amor de un hermano, pero en realidad, no puede ser comparado a lo que la Biblia considera el amor Ágape de nuestro Padre celestial para toda la humanidad y para los hijos e hijas que han sido engendrados por ese amor. Muchos de nosotros conocemos lo que las escrituras enseñan acerca de este amor, pero pocos realmente recibimos la revelación o el bautismo de ese amor.

Hace muchos años en Toronto, hubo un avivamiento que nació y fue totalmente sostenido por personas que viajaban de todo el mundo y eran tocadas por ese amor. Todavía Recuerdo estar en un servicio donde el obispo Joseph Garlington compartió su experiencia del viaje a Toronto donde Dios le tocó de tal manera, que el apreciado obispo pasó la mayoría de las veces llorando y postrado en el piso, en la medida en que las olas del amor de Dios le abrumaban una y otra vez. El Obispo Garlington también compartió cómo él estaba buscando algo diferente en el avivamiento y no tenía expectativas personales de tener un encuentro radical con el amor de Dios.

Él dijo en la conferencia cómo este amor cambió para siempre su vida y ministerio, y como todos ahora están mejor, como consecuencia de ello. Puedo suponer que muchos de los que lean este libro tendrán, como lo tuvo el obispo, una verdadera relación personal con el amor de Dios. Dicen que una imagen vale más que mil palabras, ¿pero cuanto valoramos un toque tangible y el bautismo del amor de Dios?

Mi experiencia con el amor de Dios comenzó a los quince años cuando mi padre me llevó a una iglesia carismática en la Florida, donde yo vivía con mi mamá. (Ellos se habían divorciado cuando yo tenía sólo doce años.) Para ser honesto, mi experiencia con esa iglesia cambió mi vida. No sólo crecí en mi fe, sino que fue allí, justo a los dieciséis años, que conocí la mujer que no mucho tiempo después sería mi esposa.

Ahora quiero ir un poco mas adelante delante de mí mismo, y para hacer la historia corta, fue el mensaje del pastor de la iglesia y el mensaje del amor de Dios del pastor de jóvenes que dieron forma realmente a mi caminar con Dios. Una vez más, no fue sólo la predicación o la lectura de la Palabra sobre el amor de Dios, sino la presencia de ese divino amor celestial, que me destrozó más de una vez.

Ah, por cierto, cuando digo me "destrozó, perdió, quemó o golpeó", es algo bueno, y no pretendo faltar al respeto. Estas palabras las uso para describir lo que sucede cuando Dios le ha capturado e inundado con tanto amor, que su cuerpo casi no lo puede soportar.

Antes de darme cuenta de esos términos, mi esposa, que siempre ha manifestado hambre por la presencia de Dios y sabiendo que yo la necesitaba más que ella, ideó un plan para tomar unas vacaciones en familia que implicaba de alguna forma una parada en un lugar para acampar en Virginia, donde Ruth Heflin tenía reuniones de verano. Ahora esto fue probablemente a finales de los años noventa, antes que esta poderosa mujer de Dios muriera.

Si alguna vez tiene la oportunidad de leer algunos de sus libros relacionados con "la gloria" hágalo porque cambiará su vida. Así que durante nuestra "vacaciones", nos fuimos una noche a esa tienda al aire libre. Fue como retroceder en el tiempo. No disfruté nada de lo que escuché o vi esa noche, y si no fuera por la persistencia de mi esposa, yo nunca hubiera ido al frente, cuando la hermana Ruth hizo el llamado al altar.

Así que me dirigí al frente y durante el llamado al altar sonó una canción sobre el río. Me aseguré de tener todas mis defensas arriba y estaba parado allí como un pedazo de madera duro y solido. Cuando la hermana Heflin vino, ella me tocó, oh, muy delicadamente. Yo no estaba dispuesto a dejarme caer como se acostumbraba por cortesía, en los círculos carismáticos. Me aseguré de que si Dios iba a tocarme tendría que ser El y no un predicador rustico.

No digo esto para ser irrespetuoso, sino para ser transparente y dejarles saber que el encuentro que tuve esa noche con el amor de Dios no lo estaba buscando ni tampoco sabía que lo necesitaba desesperadamente. De hecho, años antes, había ido a una conferencia profética en donde una mujer me dio una palabra que decía que yo tenía un dolor profundo que Dios quería sanar.

Nuevamente, yo tenía tanto bagaje y heridas en mi corazón que creí que ella no escuchó bien. Yo hasta le dije a mi esposa, "esa mujer no escuchó la voz de Dios. Definitivamente no estaba en sintonía." Entonces, mientras estaba ante el altar entre la yerba y la tierra, la Hermana Ruth se para y me dice, "Tócalo, ahora relájate como si estuviera flotando."

Voy a tratar de explicarles lo que sucedió cuando me tocó por segunda vez. Inmediatamente caí al suelo y me perdí en un rio de amor derretido, en donde, mientras me quedaba ahí en lo que parecían largas horas, Dios comenzó a llevarme a través de toda mi vida y todas las veces que fui herido.

Muchas de estas heridas eran tan profundas, como el divorcio de mis padres y todo lo que aconteció después. Necesitaba de ese amor que trajo sanidad a cada una de mis heridas y cicatrices. Yo aun recuerdo la voz del Señor mientras caía bajo el poder de ese amor y lo escuchaba cuando me daba el mandato y el llamado a ser pastor. Me dijo vez tras vez, "Ama a la gente." Lo escuche una y otra vez, "Ken, ama a la gente."

La experiencia que tuve ese día jamás la olvidaré, y la menciono de vez en cuando, especialmente porque define mi llamado a ser ministro del evangelio. Al parecer todos los ministros tienen un mensaje de por vida, y el mío, creo que es amar a la gente.

Entonces cuando comparto con ustedes el amor humilde, no lo hago desde un punto de vista del solo conocimiento intelectual, sino de una vida entera experimentando el amor sanador de Dios. Ahora, la razón por la cual digo que es sanador, y sí, yo sé que es mucho más que eso, es porque ahora yo puedo hablar de mis heridas y cicatrices desde el punto de vista de plenitud y no de dolor.

Seriamente, no tengo ningún dolor referente a mis dolores pasados de mi familia y mi época de crecimiento.

La noche de ese mismo día, el primero de la semana, los discípulos estaban reunidos a puerta cerrada en un lugar, por miedo a los judíos. En eso llegó Jesús, se puso en medio y les dijo: «La paz sea con ustedes.» Y mientras les decía esto, les mostró sus manos y su costado. Y los discípulos se regocijaron al ver al Señor. Pero Tomás, uno de los doce, conocido como el Dídimo, no estaba con ellos cuando Jesús vino. Entonces los otros discípulos le dijeron: «Hemos visto al Señor.» Y él les dijo: «Si yo no veo en sus manos la señal de los clavos, ni meto mi dedo en el lugar de los clavos, y mi mano en su costado, no creeré.» Ocho días después, sus discípulos estaban otra vez a puerta cerrada, y Tomás estaba con ellos. Estando las puertas cerradas, Jesús llegó, se puso en medio de ellos y les dijo: «La paz sea con ustedes.» Luego le dijo a Tomás: «Pon aquí tu dedo, y mira mis manos; y acerca tu mano, y métela en mi costado; y no seas incrédulo, sino creyente.» Entonces Tomás «Si yo no veo en sus manos la señal de los clavos, ni meto mi dedo en el lugar de los clavos, y mi mano en su costado, no creeré.» Ocho días después, sus discípulos estaban otra vez a puerta cerrada, y Tomás estaba con ellos. Estando las puertas cerradas, Jesús llegó, se puso en medio de ellos y les dijo: «La paz sea con ustedes.» Luego le dijo a Tomás: «Pon aquí tu dedo, y mira mis manos; y acerca tu mano, y métela en mi costado; y no seas incrédulo, sino creyente.» Entonces Tomás respondió y le dijo: « ¡Señor mío, y Dios mío!»
Juan 20:19-20; 24-28 (RVC)

Ahora, hay algunas verdades importantes que quiero que ustedes se percaten acerca del encuentro de Jesús con sus discípulos después de la cruz y antes de la resurrección.

Primero que todo, Jesús pudo mostrarles sus llagas, porque ya no le dolían. El hasta podía hablar libremente acerca de ellas y aunque ellos no le pidieron que se las enseñara, Jesús les mostró sus manos y su costado y los discípulos se llenaron de gozo.

Más tarde Tomas duda de que verdaderamente fuera Jesús y declara que no creerá a menos que el pudiera meter sus dedos en sus llagas y su mano en su costado. Yo se que a veces la gente se enfada con Tomas, y lo llaman el incrédulo, pero Jesús no lo reprende por pedirle que le mostrara sus heridas.

A Jesús, estas heridas no le dolían; Habían sido completamente sanadas. Es solo cuando el amor sana completamente las heridas que nos han clavado hasta lo más profundo de nuestra alma que seremos capaces, sin vacilar, de mostrar como el amor de Dios nos ha sanado, así como el poder hablar acerca de estas heridas sin sentir el dolor del pasado y las heridas asociadas con esas cicatrices.

La terapia del amor de Dios no puede ser desestimada o exagerada. De hecho, otra verdad que encontramos aquí es que un momento en la presencia del amor de Jesús causó que Tomas no dudara más.

Cuando yo estuve en el suelo de ese tabernáculo al aire libre, en un lugar remoto llamado Ashland, Virginia, estaba sobrecogido por la presencia del amor de Dios. Pude haberme burlado de aquel lugar al principio, pero ahora aprecio lo especial que fue y como ansió el haber podido sacar más provecho de personas como Ruth Heflin la cual me impartió tanto amor.

Me di cuenta mientras escribía este capítulo que no es nuestro humilde amor, sino el de Jesús, el que esperará pacientemente hasta que estemos listos para recibir lo que el tanto desea hacer por nosotros, sin embargo no le dejamos, y a veces nos resistimos a su gran amor.

El amor de Dios es sobrenatural. Viene a usted a través del Espíritu Santo porque de acuerdo con Romanos 5:5, es el Espíritu Santo quien derramara el amor de Dios en nosotros. Yo creo que el amor verdadero es siempre apasionadamente perseguidor y luchador de lo que solo la gracia de Dios puede traer a nuestras vidas.

para que por su Espíritu, y conforme a las riquezas de su gloria, los fortalezca interiormente con poder; para que por la fe Cristo habite en sus corazones, y para que, arraigados y cimentados en amor, sean ustedes plenamente capaces de comprender, con todos los santos, cual es la anchura, la longitud, la profundidad y la altura del amor de Cristo; en fin, que conozcan ese amor, que excede a todo conocimiento, para que sean llenos de toda la plenitud de Dios.

Efesios 3:16-19 (RVC)

El Apóstol Pablo fue la persona que trajo la revelación del evangelio de la gracia de Dios a la iglesia. La gracia es siempre inmerecida, no es ganada; es un favor inmerecido que viene solo por y a través de la persona de Jesucristo.

El apóstol sabía que para que nosotros pudiéramos recibir la revelación de la gracia, tendríamos que permitir primeramente, que el amor de Dios sembrara raíces profundas en nuestro corazón y solo con esa base solida y la experiencia del amor de Dios, tendríamos la llenura que solo el amor de Dios puede dar.

Como todos sabemos según la Biblia, que el amor de Dios nunca falla, es pues la fuerza del amor de Dios la que nos sostiene. Tenemos que aprender a ser como es Apóstol Juan, quien fue transformado radicalmente por el amor de Jesús. El fue conocido como el discípulo amado, porque sabía del amor de Jesús hacia él, cuando puso la cabeza en su hombro, pudiendo así escuchar los latidos de su corazón.

Juan, más que cualquier otro discípulo, es quien escribe de sus experiencias personales con Jesús y cuatro veces se llamó a sí mismo el discípulo a quien Jesús amó en el evangelio de Juan, el cual, por supuesto, fue escrito por él mismo. Cuando usted sabe que Dios lo ama, es fácil caminar en un amor humilde y nunca sentir la necesidad de enaltecerse, promoverse, alabarse o empujarse a sí mismo. El amor humilde no hace nada de eso. Una de las cosas que el Apóstol Pablo dice es que el amor no es orgulloso.

Entonces, si el amor no es orgulloso, ¿qué es el amor? Lo opuesto o reciproco del orgullo es la humildad. Es por eso que Jesús, quien es la manifestación del amor y la llenura de la gracia de Dios, no tuvo problemas en vivir en el amor humilde de su Padre. Jesús sabía que El era amado, como su Padre mismo lo manifestó públicamente en su bautismo, cuando dijo que Jesús era su hijo amado en quien tenía toda su complacencia.

A propósito, esto ocurrió antes de que Jesús comenzara su ministerio, así es que la complacencia de Dios en su Hijo nada tuvo que ver con el rendimiento, sino con la relación del Hijo con el Padre. La siguiente vez que Dios expresó su amor por Jesús fue aquí:

Y mientras decía esto, una nube los cubrió, y tuvieron miedo de entrar en la nube. Entonces, desde la nube se oyó una voz que decía: «Éste es mi Hijo amado. ¡Escúchenlo!»
Lucas 9:34-35 (RVC)

Ahora bien, si estuviéramos leyendo esto en hebreo veríamos que no solo Dios afirma su amor por su Hijo Jesús, sino que también por los discípulos que estaban escuchando (shama) a Jesús, lo que significa que ellos debían escuchar, prestar atención, seguir y obedecer a Jesús así como a la Tora.

El amor que Jesús recibió de su Padre fue lo que permitió que El siempre viviera en un amor humilde y en obediencia a su Padre. En el amor de Dios hay estabilidad y un fundamento que provee la confianza y seguridad que todos anhelamos. Sin este amor, nos sentimos expuestos, inseguros y siempre debemos esforzarnos o hacer algo, en vez de simplemente recibir en humildad el amor que Dios desesperadamente quiere darnos libremente, lo que solo conduce a mas vacío y dolor.

Una experiencia de revelación en amor, en mi opinión, siempre será el mejor maestro. La otra noche, estaba viendo un programa en el canal OWN, en donde Lenny Kravitz estaba compartiendo la historia de su vida. En el segmento llamado "GRACIA", Lenny describe su juventud siendo miembro de un coro de niños en California, en donde una noche le sucedió algo que cambió su vida para siempre.

Un joven niño que era su compañero de cuarto le pregunto si alguna vez había escuchado de Jesucristo y del amor que Jesús tenia por él. Durante la conversación, Lenny describo una presencia santa que se manifestó en el cuarto y lo llenó con un amor derretido. El dijo, "ambos sentimos cuando Dios vino al cuarto y nos mostró su amor." Lenny oró y le pidió a Jesús que fuese su Señor y dijo que nunca más necesitó explicación alguna acerca del amor de Dios. El experimentó la presencia del sorprendente amor de Jesús, Lenny Kravitz fue cambiado para siempre por el amor de Dios.

Desearía que cualquiera que lea este libro tenga una experiencia y un encuentro con el amor de Dios, el cual es tan real y autentico, que nunca puede ser negado. ¡Que su encuentro de Amor con Jesús empiece ahora mismo! Amén.

CAPÍTULO ONCE:

No Hay Vacantes!

DEBIDO A QUE la Gracia nunca es ganada, merecida ni ameritada, puede existir la tendencia de pensar que no hay nada que una persona pueda hacer para repeler o atraer esa gracia. Después de todo la gracia es gratuita, ¿cierto? Bueno, para ser honesto solo porque algo es gratis no significa que puede disfrutarlo o tomarlo. Por ejemplo, la salvación es un regalo gratuito, disponible y comprado para toda la humanidad pero, ¿esto hace que todo el mundo sea salvo? ¡Por supuesto que no! Esa manera falsa de pensar ha dado a luz al universalismo, que dice que no es necesario que usted y yo nos arrepintamos y creamos en el evangelio de Jesús. Así que, si muere, usted es recibido automáticamente por Dios en su gloria sin ni siquiera creer las buenas nuevas. También, en mi opinión, devalúa la sangre de Jesús. Las Sagradas Escrituras son claras acerca de la disponibilidad de la salvación como un regalo de gracia, la cual debe creerse y recibirse por fe. La disponibilidad de la gracia no necesita su potente fluir en nuestras vidas.

 A mí me agrada describir la gracia como un regalo. Yo no sé usted, pero yo soy una persona de regalos. (¡Esto significa que me gusta recibir regalos!) Recibir un regalo, es algo maravilloso, pero hay algo al cual yo llamo las tres "Rs" cuando se trata de recibir regalos para que puedan ser disfrutados. Un regalo debe ser primeramente reconocido como algo que es para usted. Cuando reconoce un regalo, está aceptando el hecho de que el regalo es para usted. Luego está listo para recibirlo. Un regalo que no es primeramente reconocido o recibido o tomado, no beneficiará a nadie, aunque de hecho el regalo sea magnifico así como el regalo de la vida eterna. El recibir un regalo significa que usted desenvuelve y recibe lo que le han regalado. Finalmente debe respetar el regalo siendo agradecido y apreciando el valor de sus beneficios. Sin un respeto verdadero y genuino por el regalo, prontamente será descartado por alguna otra cosa. En el Libro de Isaías, la Biblia dice:

"¿Alguien tiene sed? Venga y beba, ¡aunque no tenga dinero! Vengan, tomen vino o leche, ¡es todo gratis! ¿Por qué gastar su dinero en alimentos que no les dan fuerza? ¿Por qué pagar por comida que no les hace ningún bien? Escúchenme y comerán lo que es bueno; disfrutaran de la mejor comida. Vengan a mí con los oídos bien abiertos. Escuchen y encontraran vida hare un pacto eterno con ustedes. Les daré el amor inagotable que le prometí a David."

Isaías 55:1-3 (NTV)

¿Puede ver cuán generoso es Dios? Dios dice vengan y coman de lo mejor, y no tienen que pagar nada; todo es gratis, dado por la gracia de Dios. Me encanta la forma como Dios está dispuesto a dar lo mejor a cualquiera, y de manera gratuita. ¿Amen? Esta escritura está relacionada con la enseñanza de Jesús en Juan 10. Él le dice al pueblo que la razón por la cual vino, fue para dar "vida y vida en abundancia."

La disponibilidad de la gracia de Dios es para todos, pero sin beneficio, siempre y cuando no exista un letrero de "No Hay Vacantes" que no permita que la gracia se mude. Es solo cuando nos mantenemos humildes ante Dios que el letrero no aparece. Cuando somos humildes ante Dios, le estamos diciendo que venimos a la mesa con oídos y corazones que shama (escuchan).

De hecho, Isaías 55 dice, "Por favor vengan dispuestos a shama, a oír, escuchar, seguir y obedecer." De hecho este es otro ejemplo de la palabra "shama" que se repite dos veces. (עמש shama – עמש shama), para que pueda venir y comer hasta saciarse de lo que es verdaderamente ¡bueno y abundante! Puedo imaginarme a Dios dando una fiesta, enviando invitaciones, y luego regocijándose, cuando aquellos que abren espacio para la gracia, disfrutan de las riquezas de la gracia de Dios.

La Biblia dice que Noé halló gracia ante los ojos de Dios (Génesis 6:8). ¿Parece ser que Noé abrió espacio para la gracia y fue humilde, dispuesto a shama y realmente escuchar y seguir a Dios sin importar lo inverosímil que pareciera? ¿Sabía que aun el nombre Noé nos dice algo respecto de el? En hebreo, el nombre חנ Noach significa "descanso". ¿Sería que Noé operaba en el principio de la humildad y que por eso atrajo la gracia de Dios hacia él? Quizás Noé nunca tuvo el letrero de "No Hay Vacantes" pero en su lugar tenia uno que decía "¡Lugar Para la Gracia, Siempre Disponible!"

Por cierto, Ruth aprendió que manteniéndose bajo los pies de Booz, lograría mucho más que trabajando en el campo. Si, nosotros siempre lograremos mucho mas manteniéndonos bajo el descanso de la presencia de Dios que trabajando en Sus campos. ¡Pero esa es otra historia y otro libro!

El principio de humildad es: "El poder nunca proviene de mi propia habilidad sino en la fuerza de Dios que viene cuando nos inclinamos y nos humillamos, intencionalmente abriendo espacio para la gracia."

Debemos ser imitadores de Noé, quien atrajo la gracia en lugar de rechazarla. Quiero reiterar cuan peligroso y engañoso es el orgullo para el creyente en Cristo. En el momento en que levantamos nuestra propia habilidad y fuerza, nos convertimos en orgullosos. La definición de "orgulloso" es estar "lleno de orgullo." Esto significa que el letrero de "No Hay Vacantes" ya está colocado, y no hay lugar para la gracia. He aquí algunas palabras del diccionario referentes a ser "orgulloso."

Sinónimos:

Desdeñoso, altivo, alto, señorial, superior

Antónimos:

Humilde, modesto

Palabras relacionadas:

Complaciente, engreído, egoísta, egocéntrico, importante, auto-positivo, auto-vanidoso, auto-contentado, auto-importante, auto-satisfecho, presumido, vanidoso, vanaglorioso, arrogante, pretensioso, desdeñoso, altanero, despótico, prepotente, perentorio, fanfarrón, pomposo, condescendiente, protector, presumido, presuntuoso, hinchado, jactancioso, rimbombante, auto-exaltado, audaz, temerario, descarado, impertinente, imprudente, seguro, mandón, dominante, arbitrario, imperioso, egocéntrico, auto céntrico, magisterial. (14)

Creo que hemos establecido que la gracia viene o es atraída hacia aquellos que son humildes (Santiago 4:6). Quiero que vea que es solamente por la bondad y la abundancia que ofrece la gracia, que le ha traído hasta donde está ahora. Es por esta simple pero profunda verdad que nunca deberíamos ser orgullosos.

"Hermanos, les hablo de estas cosas por su propio bien y poniendo como   ejemplo a Apolo y a mí mismo. Lo digo para que por nuestro mismo ejemplo aprendan ustedes a no ir más allá de lo que está escrito, y para que nadie se hinche de orgullo, favoreciendo a uno en perjuicio de otro. Pues, ¿quién te da privilegios sobre los demás? ¿Y qué tienes que Dios no te haya dado? Y si El te lo ha dado, ¿por qué presumes, como si lo hubieras conseguido por ti mismo?

1 Corintios 4:6-7 (DHH)

¿Captó lo que Pablo nos está enseñando bajo la inspiración del Espíritu Santo? De nada de lo que el ser humano ha recibido puede jactarse o tomar crédito, de hecho, todo lo que el hombre ha recibido le ha sido dado como un regalo del cielo. El Apóstol Pablo afirmó esto cuando dijo en otra ocasión, "Por la Gracia de Dios yo soy lo que soy." (1 Corintios 15:10) El le dice al pueblo sencillamente que no deben jactarse y nunca elevarse ellos mismos o a nadie más. El estaba diciendo, "Por favor, no sean orgullosos." Considere algunas otras palabras del apóstol sobre la gracia:

Digo, pues, por la gracia que me es dada, a cada cual que está entre vosotros, que no tenga más alto concepto de sí que el que debe tener, sino que piense de sí con cordura, conforme a la medida de fe que Dios repartió a cada uno.

Romanos 12:3 (RVR1960)

Porque es por la gracia de Dios que has sido salvo. La recibiste atreves de la fe. No fue nuestro plan o nuestro esfuerzo. Es el regalo de Dios, simple y llanamente. No te la ganaste, ninguno de nosotros lo hizo, entonces no vayas alardeando que debiste haber hecho algo impresionante. Pues hemos sido en producto de Su mano, la poesía divina grabada en vidas, creadas en el Ungido, Jesús, para cumplir las buenas obras que Dios preparo un tiempo atrás.

Efesios 2: 8-9 (VOZ)

Porque yo soy el más pequeño de los apóstoles, que no soy digno de ser llamado apóstol, porque perseguí a la iglesia de Dios. Pero por la gracia de Dios soy lo que soy; y su gracia no ha sido en vano para conmigo, antes he trabajado más que todos ellos; pero no yo, sino la gracia de   Dios conmigo.

1 Corintios 15:19-10 (RVR1960)

¿Sería posible que el Apóstol Pablo operara en el principio de la humildad, sometiéndose constantemente a Dios, abriendo así espacio para la gracia? Yo creo que cuando fallamos al no abrir espacio para la gracia, estamos levantando el letrero "No Hay Vacantes", y le estamos diciendo a Dios, "Lo siento, pero no hay lugar para Ti aquí. Ya está ocupado." Es únicamente cuando somos como David, quien solamente enaltecía a Dios, que la gracia abundante y desbordante de Dios vendrá a los humildes.

Hay otra poderosa escritura acerca de la gracia abundante para aquellos que abren espacio para ella. Se encuentra en el contexto de aquellos que han aprendido a vivir en el poder de la generosidad.

Pero esto digo: El que siembra escasamente, también segará escasamente; y el que siembra generosamente, generosamente también segará. Cada uno dé como propuso en su corazón: no con tristeza, ni por necesidad porque Dios ama al dador alegre. Y poderoso es Dios para hacer que abunde en vosotros toda gracia, a fin de que, teniendo siempre en todas las cosas todo lo suficiente, abundéis para toda buena obra;

2 Corintios 9:6-8 (RVR1960)

El orgulloso, el tacaño y el inseguro nunca van a entender que la bendición viene cuando el amor fluye de nuestras vidas en forma de generosidad desenfrenada. Es lamentable decirlo, pero estadísticamente, la gente que más tiene, por lo general da menos, a menos que hayan sido tocados y movidos por el gozo de dar. Después de todo Jesús dijo:

En todo os he enseñado que, trabajando así, se debe ayudar a los necesitados, y recordar las palabras del Señor Jesús, que dijo: Más bienaventurado es dar que recibir.

Hechos 20:35 (RVR1960)

El hecho de dar imita a la gracia de Dios. Es también en esta gracia del dar, que el apóstol quiere que todos nosotros abundemos.

Por tanto, como en todo abundáis, en fe, en palabra, en ciencia, en toda   solicitud, y en vuestro amor para con nosotros, abundad también en esta gracia.

2 Corintios 8:7 (RVR1960)

De acuerdo con las escrituras, el corazón que es lo suficientemente humilde para dar generosamente, siempre tendrá abundancia de todo lo bueno que Dios quiere que tenga. La gracia de Dios es atraída hacia aquellos que son lo suficientemente humildes para entender que todo lo que tienen proviene de Dios. Son estas personas las que, cuando sus corazones humildes son movidos a dar, solo abren más espacio para la gracia. De hecho, la propia declaración de que "Dios es capaz de hacer que toda la gracia abunde hacia vosotros" (2 Corintios 9:8) me dice que la gracia se mueve hacia a los dadores humildes, quienes confían en la provisión de Dios y no en sus habilidades para proveer o sostenerse a sí mismos. ¡Esta es otra forma de intencionalmente de descender más bajo, para que luego poder subir más alto!
No sé si usted, pero yo quiero abrir espacio, para que "Toda la Gracia" abunde sobre mi vida. Debemos remover el letrero "No Hay Vacantes" de nuestras vidas, y escoger no caer en la mentira de la avaricia y el egoísmo que ha causado que un pequeño

porcentaje de cristianos manejen sus recursos financieros de manera diferente y como una parte separada en sus vidas. Esta desconexión solamente solidifica la advertencia de Jesús, que todo aquel que confié en las riquezas, no entrara en el reino de Dios. Nuevamente, el orgullo repele y resiste la gracia de Dios con el letrero "No Hay Vacantes".

A los ricos de este siglo manda que no sean altivos, ni pongan la esperanza en las riquezas, las cuales son inciertas, sino en el Dios vivo, que nos da todas las cosas en abundancia para que las disfrutemos. Que hagan bien, que sean ricos en buenas obras, dadivosos, generosos; atesorando para sí buen fundamento para lo por venir, que echen mano de la vida eterna.

1 Timoteo 6:17-19 (RVR1960)

Abrir espacio para la gracia significa preparar un lugar para la presencia de Dios, de la misma forma como dijo David, "Necesito traer el Arca de regreso a Jerusalén." Ahora el Arca de Dios representaba la presencia de Dios. Aunque no era lo único que la representa, pero de seguro si el Arca estaba presente, Dios se manifestaba en su Gloria. La historia de David trayendo el Arca de regreso a Jerusalén y luego construir una tienda de campaña para ella, es una historia del poder de la humildad.
Yo creo que la gente humilde hace cosas que otros puede encontrar algo peculiar o difícil de entender, y quizás puede que digan que esa gente son simplemente extraños. A través de los años, aquellos que han abierto espacio para la gracia, y la presencia de Dios son las mismas personas que, aunque con rechazos del hombre, la gracia es atraída hacia ellos. En ocasiones la gente se pierde las más grandes bendiciones en sus vidas porque juzgan el libro como malo sin ni siquiera abrir una página del mismo. Yo le enseño a mi gente en mi iglesia, Salvando a las Naciones, (Save the Nations) "No juzguen a nadie que conozcan solo por su apariencia." Yo

puedo dar testimonio de que la mayoría de las personas que tendemos a rechazar, son enviadas por Dios para darnos algo que perderíamos, porque no entendemos la cultura del honrar y abrir espacio para el regalo que Dios quiere depositar en nosotros a través de ellos. Recuerde, por favor, que las puertas grandes giran sobre pequeñas bisagras, como la pequeña criada que dio esperanza a un rey pagano, para Naaman no solamente fuera sanado por la gracia, sino que también se convirtiera al Dios de Israel.

Saúl reinó antes que David y fue tan orgulloso que nunca vio la necesidad de llevar el Arca de regreso a Jerusalén durante su reinado. David trae el Arca de regreso a Jerusalén, pero no sin antes hacer una pequeña parada en la casa de Obed-Edom en donde el Arca es dejada, luego que David intentara traer el Arca, sin cumplir la orden divina que los sacerdotes debían cargarla sobre sus hombros. En vez de eso, imitando a los filisteos, usaron una carreta para cargar el Arca, y así ver morir a Usa, después de violar la ley ante el Señor, cuando trato de sostener el Arca para que no cayera debido al mal estado del terreno por donde transitaban. Volvamos pues al segundo intento de David de traer el Arca al lugar que él había preparado.

Y el Arca de Dios estuvo con la familia de Obed-Edom, en su casa, tres meses y bendijo Jehová la casa de Obed-Edom y todo lo que tenía.

1 Crónicas 13:14 (RVR1960)

Debido a que Obed-Edom abrió espacio para el Arca de Dios, dice la Biblia que todo y todos los relacionados con Obed-Edom fueron bendecidos. Creo que esta es una ilustración de una persona que no tenía el letrero "No Hay Vacantes" por ningún lado. Esta es una imagen de una persona humilde quien abre espacio para la gracia. Es la gracia la que siempre le bendice más de lo que merece, cuando abre espacio para la presencia del Arca de Dios. ¿Sabía usted que Obed-Edom era un Heteo, del mismo pueblo Gat, donde nació el gigante que David mató? ¿Será posible que Dios bendiga a cualquiera que se humille ante El y abra espacio para El, aun al pecador? Vemos en esta ilustración cómo el "Menguando para Crecer" está disponible para cualquier persona, que intencionalmente se humille ante Dios.

Es Señor me habló a través de esta historia y me dijo que si tan solo hacemos lugar para la presencia de Dios en nuestras vidas, así como Obed-Edom hizo, todo será bendecido. El me mostró como necesitamos hacer espacio a la gracia de Dios en nuestras relaciones y matrimonios, y ellos serán bendecidos. A medida que abrimos espacio en nuestras careras y finanzas, también serán bendecidas. Entonces el Señor me mostró que las iglesias que abrieran espacio para la presencia de Dios serian bendecidas y no tendrían que preocuparse por nada mas, pues Dios las bendeciría abundantemente. Leamos el siguiente pasaje:

Fue dado aviso al rey David, diciendo: Jehová ha bendecido la casa de Obed-Edom y todo lo que tiene, a causa del arca de Dios. Entonces David fue, y llevó   con alegría el arca de Dios de casa de Obed-Edom a la ciudad de David. Y cuando los que llevaban el arca de Dios habían andado seis pasos, él sacrificó un buey y un carnero engordado. Y David danzaba con toda su fuerza delante de Jehová; y estaba David vestido con un efod de lino. Así David y toda la casa de Israel conducían el arca de Jehová con júbilo y sonido de trompeta. Cuando el arca de Jehová llegó a la ciudad de David, aconteció que Mical hija de Saúl miró desde una ventana, y vio al rey David que saltaba y danzaba delante de Jehová; y le menospreció en su corazón. Metieron, pues, el arca de Jehová, y la pusieron en su lugar en medio de una tienda que David le había levantado; y sacrificó David holocaustos y ofrendas de paz delante de Jehová. Y cuando David había acabado de ofrecer los holocaustos y ofrendas de paz, bendijo al pueblo en el nombre de Jehová de los ejércitos. Y repartió a todo el pueblo, y a toda la multitud de Israel, así a hombres como a mujeres, a cada uno un pan, y un pedazo de carne y una torta de pasas. Y se fue todo el pueblo, cada uno a su casa.

2 Samuel 6:12-19 (RVR1960)

David se mantuvo humilde y abrió espacio para el Arca y la presencia de Dios. ¿Sabe usted que en los últimos días dice la escritura que la tienda humilde será la que Dios restaure? Esta es la tienda de aquellos que se mantendrán humildes y le darán valor a la presencia de Dios y la Gracia de Jesús. Por cierto, fue Obed-Edom y su familia quienes, cuando el Arca vino a Jerusalén, decidieron quedarse con ella como porteros de acuerdo a 1 Crónicas 15:24. Yo supongo que cuando nos humillamos y abrimos espacio para la gracia, nunca más estaremos satisfechos sin que la presencia de Dios este cerca.

Porque mejor es un día en tus atrios que mil fuera de ellos. Escogería antes estar a la puerta de la casa de mi Dios, Que habitar en las moradas de maldad. Porque sol y escudo es Jehová Dios; Gracia y gloria dará Jehová. No quitará el bien a los que andan en integridad. Jehová de los ejércitos, Dichoso el hombre que en ti confía.

Salmos 84:10-12 (RVR1960)

CAPÍTULO DOCE:

La Iglesia Humilde

LA IGLESIA DE los últimos cien años ha perdido mucha credibilidad. Me refiero a la iglesia cristiana americana. No estoy señalando a un grupo, asociación o denominación en particular. El consenso o la tendencia general en América dice, "Yo amo a Jesús, no a la iglesia o a la religión." Esta separación entre el Señor y el cuerpo por el cual El murió y amó, es una "verdad inconveniente" que pocos desean discutir y aun menos abordar. Lo cierto del asunto es que la gente desea espiritualidad y cercanía a Dios. Esto se puede ver plenamente en la cultura americana. Ellos también quieren saber de las cosas sobrenaturales y sus posibilidades, pero aun así, no desean la iglesia. Entonces la tendencia que estamos viendo en personas de todas las edades es "menos iglesia" mientras continúan buscando formas de servir, dar y demostrar un evangelio de justicia social. ¿Por qué está sucediendo esto? ¿Por qué la gente se está yendo de las instituciones religiosas organizadas, para seguir lo que en sus corazones creen que es lo que Dios desea que ellos hagan? Creo que parte de este fenómeno y la realidad de esta cultura, de no solamente dejar la iglesia, sino también de hablar mal y criticarla, es debido a lo que la iglesia ha venido haciendo por largo tiempo. Ahora, podemos rastrear la historia de la iglesia hasta el día de Pentecostés y saber que, aunque han habido grandes movimientos de iglesias y líderes, también se ha plagado de aquellos que dirigieron a la iglesia a una búsqueda de poder, dinero y fama, el mismísimo pecado que Satanás con el cual trató de tentar a Jesús y el mismo del cual nos advirtió el Apóstol Juan.

No améis al mundo, ni las cosas que están en el mundo. Si alguno ama al mundo, el amor del Padre no está en él. Porque todo lo que hay en el mundo, los   deseos de la carne, los deseos de los ojos, y la vanagloria de la vida, no proviene del Padre, sino del mundo. Y el mundo pasa, y sus deseos; pero el que hace la voluntad de Dios permanece para siempre.
1 Juan 2:15-17 (RVR1960)

La corrupción en la iglesia se ha manifestado muchas veces sin la respuesta adecuada y necesaria de los líderes de la iglesia, lo que entonces solidifica y confirma las creencias de las masas, de que la iglesia es hipócrita y llena de falsedad y engaño, considerándola sin importancia o necesaria, especialmente en lo que respecta a la verdadera espiritualidad. Como pastor, yo encuentro frustrante, por decir lo menos, el escepticismo de la gente y la falta de respeto y confianza en la iglesia. Yo hago lo posible en no alimentar estereotipos y mentalidades que han sido descargadas en las personas antes de que me conozcan o hayan experimentado nuestra iglesia, Salvando las Naciones (Save the Nations). Quisiera pensar de mi iglesia como una especie de "no-iglesia" así como cuando 7Up lanzo un comercial llamando a su refresco como la "no-cola". Entonces durante mi corto tiempo en la iglesia, hace hoy, treinta y cinco años, he podido observar el aumento en la desconfianza, no solo en los líderes espirituales, sino especialmente en los líderes políticos. Ahora la nueva norma es el esperar que nuestros líderes y los que hemos elegidos para servir, hagan lo opuesto de lo que dijeron o prometieron en su campaña. Los tergiversadores se han convertido en expertos en hacernos olvidar o confundirnos con el venenoso Kool-Aid, que ya estamos cansados y perplejos para poder rebuscar entre toda esta locura.

Entonces ahora cuando miras a la historia escandalosa de la iglesia y las figuras políticas las cuales parece que van corriendo cabeza a cabeza en su hipocresía y falta de humildad, ¿sería sorprendente que quizás tuviéramos que hacer una revolución para que surja un verdadero cambio? Una revolución sucede cuando un pueblo, usualmente con poco o sin ningún poder, elige confrontar y derrocar el sistema actual y reemplazarlo con un nuevo, transformado y bien necesitado giro. Ya que la revolución sucede desde el fondo hacia arriba, toma tiempo en que nazca y cambie actitudes, temores y complacencia de aquellos que se quejan sabiendo que algo debe de hacerse, pero que no quieren el levantamiento y el caos que acompaña a la revolución. Eventualmente, el viejo y deteriorado muro que aprisionaba y confinaba se vendrá abajo. El muro de Berlín fue derrumbado por la gente debido a que el dolor de vivir con el, era mayor que las represalias del comunismo, si este era removido. Hasta cuando el dolor sea más grande que el miedo, la gente en su mayoría, evitarán el cambio no importando cuán necesario o deseado sea. Lo que tenemos entretejido en la cultura de la sociedad, y aun en la iglesia, es la escasez de líderes humildes, y la proliferación de hipócritas, orgullosos y arrogantes.

Los profetas profetizaron mentira, y los sacerdotes dirigían por manos de ellos, y mi pueblo así lo quiso. ¿Qué, pues, haréis cuando llegue el fin?

Jeremías 5:31 (RVR1960)

Puede ver que Dios le dice a Jeremías que a su pueblo le agrada escuchar mentiras en vez de verdad, y ser dominados por líderes falsos y autócratas. Esta es solamente una de las escrituras que demuestran estos horrores.

Aquellos que son arrogantes y orgullosos no tendrán ni siquiera la habilidad de escuchar la verdad que los puede liberar. El Dios que amó a Israel es el mismo Dios que les advirtió que no se dejaran llevar por el orgullo.

Escuchad y oíd; no os envanezcáis, pues Jehová ha hablado. Dad gloria a Jehová Dios vuestro, antes que haga venir tinieblas, y antes que vuestros pies tropiecen en montes de oscuridad, y esperéis luz, y os la vuelva en sombra de muerte y tinieblas. Más si no oyereis esto, en secreto llorará mi alma a causa de vuestra soberbia; y llorando amargamente se desharán mis ojos en lágrimas, porque el rebaño de Jehová fue hecho cautivo.
Jeremías 13:15-17 (RVC)

Una iglesia humilde provendrá, lo más probable, de una revolución, lejos del miedo de las represalias por parte de los orgullosos, y hacia las manos de los humildes pastores de amor y gracia.

Vivamos como si fuéramos uno solo. No seamos altivos, sino juntémonos con los humildes. No debemos creernos más sabios que los demás.
Romanos 12:16 (RVC)

¿No sería mucho mejor pasar el tiempo cultivando relaciones con aquellos que viven en el poder de la humildad en vez del poder del orgullo? ¿Ha entendido que es el humilde el que heredará la tierra y no el orgulloso? Todos los que buscan el poder y compiten por posiciones heredaran el viento. La iglesia humilde es un nuevo tipo de iglesia con un liderazgo transformado y renovado, el cual entiende que las personas no están allí para servirles a ellos, pero si para servir y amar a los demás. Nosotros debemos aplicarnos la lección del rey que rehusó escuchar un sabio consejo acerca de ser amoroso, de hablar bien y de servir a la gente y terminó encarando una rebelión, pues se negó a gobernar humildemente. Entonces el Rey Roboam pidió consejo de los ancianos que habían estado delante de su padre Salomón cuando vivía, y dijo, "¿Cómo me aconsejan ustedes que responda a este pueblo? Y ellos le contestaron diciendo, "Si tu fueres hoy siervo de este pueblo y los sirvieras, y les respondieras con buenas palabras, ellos te servirán para siempre." (1 Reyes 12:6-7 RVC). La forma arrogante y orgullosa de hacer iglesia y hasta política, en mi parecer, traerá una revolución que nos llevara de regreso a la pureza y a la posibilidad para aquellos quienes abren espacio para la gracia, de vivir el principio de la humildad.

El principio de la humildad es, "El poder nunca proviene de mi propia habilidad, sino de la fuerza de Dios que viene al someterme y humillarme, abriendo espacio voluntariamente para la gracia de Dios." La iglesia humilde será la que hará más que solo el aspecto de la justicia social del evangelio. La iglesia humilde ayudará a restaurar la bendición del honor, la cual abre las puertas para un avivamiento que desatará el poder del evangelio a través de la humildad.

La soberbia del hombre le abate; pero al humilde de espíritu sustenta la honra.

Proverbios 29:23 (RVR1960)

Cuando Jesús caminó por la tierra El lidio con un hombre que hizo mucho bien, pero no se humilló cuando quiso seguir a Jesús, ni trató con la avaricia de su corazón. Estaba lleno de religiosidad, y sus posesiones eran su dios real.

Jesús salía ya para seguir su camino, cuando un hombre llegó corriendo, se arrodilló delante de él, y le preguntó: «Maestro bueno, ¿qué debo hacer para   heredar la vida eterna?» Jesús le dijo: « ¿Por qué me llamas bueno? No hay nadie que sea bueno, sino sólo Dios. Ya conoces los mandamientos: No mates. No cometas adulterio. No robes. No des falso testimonio. No defraudes. Honra a tu padre y a tu madre.» Aquel hombre le respondió: «Maestro, todo esto lo he cumplido desde mi juventud.» Jesús lo miró y, con mucho amor, le dijo: «Una cosa te falta: anda y vende todo lo que tienes, y dáselo a los pobres. Así tendrás un tesoro en el cielo. Después de eso, ven y sígueme.» Cuando aquel hombre oyó eso, se afligió y se fue triste, porque tenía muchas posesiones.

Marcos 10:17-22 (RVC)

La cultura de la avaricia, la cual incluye los afanes de este mundo, se ha deslizado de manera lenta y segura en la vida de la iglesia y su pueblo. La levadura del mundo y las pequeñas zorras se han escurrido y están causando que la iglesia pierda su influencia e importancia en la sociedad. Tenemos que volver a ser gente humilde y una iglesia humilde que abre espacio para que Dios traiga un avivamiento genuino en vez de solo un entretenimiento o lo que algunos llaman "entretenimiento espiritual"
Una falta de honor ha venido a la iglesia y a las figuras políticas a través de la raíz del orgullo, que se percibe en la avaricia, amiguismo, y narcisismo tan descarado que hay hoy en día. Solo será cuando los lideres renuncien a estas cosas y abrasen sus debilidades en vez de sus fortalezas, que la gracia de Dios será desatada y un gran cambio vendrá.

Si usted es como yo, se debe sentir avergonzado y cansado, como David, de aquellos a quienes le han dado oportunidad a los enemigos para que hablen negativamente de Dios.

"Mas por cuanto con este asunto hiciste blasfemar a los enemigos de Jehová, el hijo que te ha nacido ciertamente morirá."

2 Samuel 12:14 (RVR1960)

Creo que, independientemente de la negatividad y la controversia que ha sido frecuente en la iglesia, si tenemos una promesa de lo que le sucede cuando el pueblo de Dios se humilla ante El. ¡Gracias a Dios que aun existe un "Menguando para Crecer"! No son los pesimistas, sino el remanente el que se reunirá a la revolución humilde y vera la reforma y la bendición que viene a aquellos que abren espacio para la gracia, cuando estos se humillan ante Dios.

Esto también significa que la iglesia y sus líderes tendrán que disculparse con todos los que se han ofendido y dolido por el negarse a admitir y confrontar los errores y hasta las atrocidades cometidas o permitidas por el liderazgo del pasado. La iglesia nunca debe estar orgullosa o jactarse de su posición. En cambio, debe abrazar su función que le ha sido asignada la gran tarea y la gran comisión de reconciliar al mundo con Dios. Como embajadores de otro mundo, debemos vivir en este extraño país con corazones humildes y de respeto para todos.

si mi pueblo, sobre el cual se invoca mi nombre, se humilla y ora, y busca mi rostro, y se aparta de sus malos caminos, yo lo escucharé desde los cielos, perdonaré sus pecados y sanaré su tierra.

2 Crónicas 7:14 (RVC)

Finalmente, la iglesia humilde no puede tener miedo de ensuciarse las manos o de la controversia o las implicaciones de hacer lo que es correcto simplemente porque es lo correcto por hacer. La confusión de lo que es correcto se aclara en las palabras de Jesús y en lo que llamamos la regla de oro, "Hacer a otros lo que le gustaría que otros le hicieran a usted."

"Haz a los demás todo lo que quieras que te hagan a ti. Esa es la esencia de todo lo que se enseña en la ley y en los profetas."

Mateo 7:12 (NTV)

Jesús compartió una gran parábola, la cual demostró cuán lejos la religiosidad se ha apartado de lo que Dios destinó para el pueblo de Israel. Supongo que hasta que una nueva iglesia humilde se levante, no seremos tan diferentes.

Entonces Jesús respondió y dijo: «Un hombre descendía de Jerusalén a Jericó, y cayó en manos de unos ladrones, que le robaron todo lo que tenía y lo hirieron, dejándolo casi muerto. Por el camino descendía un sacerdote, y aunque lo vio, siguió de largo. Cerca de aquel lugar pasó también un levita, y aunque lo vio, siguió de largo. Pero un samaritano, que iba de camino, se acercó al hombre y, al verlo, se compadeció de él y le curó las heridas con aceite y vino, y se las vendó; luego lo puso sobre su cabalgadura y lo llevó a una posada, y cuidó de él. Al otro día, antes de partir, sacó dos monedas, se las dio al dueño de la posada, y le dijo: "Cuídalo. Cuando yo regrese, te pagaré todo lo que hayas gastado de más." De estos tres, ¿cuál crees que fue el prójimo del que cayó en manos de los ladrones?» Aquél respondió: «El que tuvo compasión de él.» Entonces Jesús le dijo: «Pues ve y haz tú lo mismo.» (Lucas 10:30-37 NTV)

La historia del buen samaritano en el evangelio de Lucas 10 nos muestra a dos hombres religiosos, un levita y un sacerdote, caminando indiferentemente en frente de un hombre el cual estaba visiblemente herido.

El hombre fue dejado por muerto después que los ladrones le robaron y lo atacaron dejándolo herido y sin un centavo. Solo un samaritano se detuvo e hizo lo correcto. Llevó al hombre a un lugar seguro, el cual pagó el mismo. Jesús le dijo al hombre que deseaba la vida eterna, que hiciera lo mismo que este samaritano

197

hizo por quien Jesús llamó su vecino. El samaritano no necesitó de un titulo o una posición. No necesitó reconocimiento ni remuneración. Tuvo compasión de alguien que padecía e hizo algo al respecto. Nosotros, quienes somos la iglesia humilde, ¡hagamos lo mismo!

No dejes de hacer el bien a todo el que lo merece, cuando este a tu alcance ayudarlos.

Proverbios 3:27 (NTV)

Mi Jornada
"Menguando para Crecer"

Mientras escribo este capítulo como la última cosa que les comparto acerca del "Menguando para Crecer", no estoy seguro en que parte del libro, este capítulo realmente debe ir. ¿Lo coloco al principio, al final, o en algún sitio en el medio? Deseaba compartir con los lectores de este libro mi jornada y mi historia, lo que me ha ayudado a motivarme a escribir este libro, y además a compartir mis pensamientos y verdades acerca del poder sobrenatural, de aquellos que abracen el principio de la humildad y la vida del "Menguando para Crecer" a su máxima capacidad. Como muchas verdades, hasta que no han sido apropiadas, son solamente principios o palabras en una página.

Cuando las palabras son aplicadas, activadas y realmente vividas, cambian y se convierten en un estilo de vida que se puede experimentar. No basta con tener solo un conocimiento "intelectual". Tenemos que aprender a vivir diariamente en el poder de esta "tecnología para el alma". Debido a que creo, casi seguramente, que este es el mensaje de mi vida, puedo asegurarles que me he tenido que humillar ante Dios en innumerables ocasiones, algunas en circunstancias precarias y difíciles. Debido a que yo creo que estos principios son, no solamente bíblicos, sino también esenciales para una llevar vida autentica y saludable, quiero ser sensible, revelando mi caminar en el "Menguando para

Crecer", la cual muchas veces ha sido, no solamente difícil, sino también de sanidad y de recompensa. La tensión, y a menudo el tiempo entre estas dos cosas, revela lo profundo de nuestro verdadero carácter y la condición real del corazón. En la vida del "Menguando para Crecer" sentirá y verá, en ocasiones, que siempre va hacia abajo y nunca hacia arriba. Como muchos que pasaron por esto antes, deberá a aprender a confiar en que Dios ve y cubre sus espaldas y que eventualmente la marea cambiará, y alcanzará los lugares altos que han sido prometidos a aquellos que se humillan y se someten ante Dios. Muchas veces habrá un proceso y un precio que pagar, por el morir a sí mismo y también por el morir a los sueños que una vez tuvo. Cuando todo parece perdido y el sueño esté muerto, recuerde al Dios que confirmó a Jesús el Mesías a través de su muerte y resurrección de entre los muertos. Algunas veces lo que parece estar muerto, se convierte en una oportunidad para resurrección y en un nuevo y brillante comienzo.

Usted está en muy buena compañía con gente como Moisés, Abraham, David, Pablo y Jesús, así que por favor, no desmaye, ni se rinda, ni se desanime ahora. El "Menguando para Crecer" consiste en que intencionalmente el dirigirse hacia abajo, le llevará finalmente, a lugares más altos.

Como puede que sepa ya, yo soy judío y nací en Long Island, New York. Mis raíces multiétnicas penetran profundamente en mi patrimonio cultura que incluye Rusia, Ucrania, Polonia y Rumania. La historia de la salvación de mi familia solamente puede ser explicada por y a través de la gracia de Dios. No hay otra explicación que pueda traer como resultado que este muchacho judío, esté completamente dedicado a predicar, cantar y escribir libros acerca de Yeshua-Jesus.

Quiero dar honor a mi padre y a mi madrastra quienes me amaron y me llevaron al Señor. Mi padre y mi abuelo llegaron a ser radicalmente salvos, a través de un ministerio llamado "Hombres de Negocios del Evangelio Completo", en los años 70s. Cuando digo radicalmente, no son solo palabras escritas sobre el papel. Mis abuelos estaban profundamente metidos en la nueva era en busca de la verdad.

Mi padre se sentía vacío en sus relaciones, aunque era un empresario exitoso. Puedo aun recordar ver la trasformación en su vida, mientras se enamoraba cada vez más de Jesús, el cual, cambió su vida y la mía para siempre. Quizás se me ha olvidado mencionar que mi madre y su nuevo esposo también encontraron a Yeshúa como su Mesías y han estado buscando con ahínco llevar el mensaje al pueblo judío, con su ministerio llamado Geshur Shalom, en Orlando, Florida. Esta es otra historia del "Menguando para Crecer" para ser contada en otro tiempo y para escribir otro libro.

Cuando fui salvo y conocí a mi Yeshúa/Jesús el Mesías a los quince años, fui bendecido al involucrarme dentro de una gran iglesia que enfatizaba el Amor de Dios y el poder de la Palabra de Dios. Todavía se puede notar lo que Dios está haciendo allí, a través del tío de Lisa, el Obispo Rick Thomas, en Abundant life Christian center (Centro Cristiano Vida Abundante). La iglesia fue fundada por su abuelo "Papa Woody", de quien hablé al comienzo del libro. Vimos mucha gente convertirse en esos días, lo que incluyó la creación del primer club cristiano en la Escuela Superior Nova en Davie, Florida, junto a mi mejor amigo Robert Rotola, quien es actualmente un pastor poderoso de las iglesias de World Life en Wichita, Kansas.

Si algún día está cerca de ahí, no pierda la oportunidad de visitar una iglesia de múltiples sedes, que tiene la visión de alcanzar 20 millones de almas para el Señor en el 2020.

En mis comienzos, para ser honesto, yo era tan inocente en lo referente a lo que sucedía tras bastidores en la iglesia. Verdaderamente, esa parte de atrás de la iglesia es algo que desearía que nunca hubiera existido y ciertamente nunca se hubiera expuesto. Lo que quiero decir con esto es, que a pesar de que mucha gente tiene un corazón puro, hay elementos de control, política y poder que socavan la inocencia y la pureza de ellos y eventualmente del evangelio. Pero aun así, mi experiencia con la iglesia y su gente ha sido impresionante.

Sin embargo, para que ustedes puedan entender mi caminar por la vida humilde del "Menguando para Crecer", quiero compartir algunas cosas que van a ser, no solamente reveladoras, sino también irritantes para mí. Trataré de hacer lo mejor al compartir estas duras experiencias, dando honra, en medio de algunas situaciones no tan honorables. Este tipo de situaciones, estoy seguro le han pasado a otros, en sus jornadas por la vida, pues nadie es perfecto aunque haya cicatrices en su vida. No debemos culpar o atacar a aquellos que nos han herido, sino desatar el amor y perdón hacia ellos.

Recuerden que es mejor, escoger humillarse y reconciliarse, lo cual es que es mucho más importante, que creer tener la razón.

Iniciemos pues. Mi esposa y yo comenzamos a trabajar en el ministerio a temprana edad. Lisa y yo nos casamos a los dieciocho y diecinueve años de edad respectivamente y comenzamos a ministrar en una iglesia nueva, plantada por sus padres.

Si alguno de ustedes ha estado involucrado en el proceso de plantar una iglesia, sabrá que al principio, usted solo necesita personas de fe que puedan cubrir posiciones ministeriales, aunque no necesariamente sean llamadas, excepto por el pastor quien les solicitó su ayuda. Nosotros fuimos uno de esos reclutados para trabajar en el ministerio de niños, en donde aprendimos, mientras cambiábamos pañales, enseñábamos y guiábamos en adoración y alabanza a aquellos hermosos niños llenos de alegría. No mucho tiempo después, la iglesia comenzó a crecer, y ahora me encontraba dirigiendo un grupo de jóvenes, el cual rápidamente creció aproximadamente a unos cien muchachos, un fenómeno raro debido al tamaño de nuestra iglesia. Era un grupo de diferentes culturas, que incluía a blancos, latinos y afro-americanos, con un toque de las islas, y un joven que vino directamente de Inglaterra de nombre Josh Radford. (Josh es hoy en día un poderoso hombre de avivamiento, al cual recomiendo encarecidamente: www.revivallife.net)

Ahora, mi jornada en esa iglesia no fue corta; fueron veinticinco años de arduo trabajo secular, mientras servía como pastor a tiempo completo y por lo general sin una paga. Hoy en día, todo aquel que sirve en un ministerio espera algún tipo de remuneración, pero en aquellos días, usted servía gratis, porque amaba a Dios. Ahora, no estoy diciendo que esté mal el pagarle a la gente. Nosotros le pagamos generosamente a aquellos que sirven fehacientemente en nuestra iglesia. Es solamente que en los días en que nos dimos al ministerio, no era un factor determinante o requerido para servir.

Nos mudamos a un nuevo edificio, y esto nos generó muchos obstáculos. Habíamos decidido dejar el confort de un amplio local arrendado, y por algún tiempo nos fuimos al centro de la ciudad a un lugar al aire libre, donde atendíamos a nuestros niños, para así poder ahorrar el pago de la renta, y poder comprar nuestro nuevo edificio. Además, el edificio que supuestamente tomaba un año en ser construido a un costo de 1.2 millones, terminó costando 3 millones y tres años aproximadamente, en un proceso de construcción, debido a razones que no vale la pena mencionar. Desde 1982, año en el cual mi esposa y yo nos casamos, hasta el 2002, servimos a la iglesia fielmente y nos humillamos muchas veces más de las que pueda contar. Me acuerdo que en mi trabajo secular, lloraba y moría a mi mismo en mi interior, mientras le pedía a Dios que me dejara hacer lo que fuertemente sentía, servirle a través de mi llamado. Para ser honesto, la acción de pastorear esa iglesia se disipaba cada año más. Aunque era un pastor asociado por título, rara vez predicaba y más bien funcionaba como ministro de alabanza.

Las pocas veces que me sentía verdaderamente feliz, era cuando nuestro pastor principal salía de viaje misionero o de vacaciones y me tocaba a mí fluir en mi don. Finalmente, mi sueño se haría realidad cuando mi suegro me dijo un día, que se mudaría a otro estado y que estaba en el proceso de construir una casa. Me abrazó y me dijo que me amaba y que yo sería el pastor principal de la iglesia en unos seis meses. El plan era tener un servicio especial en enero del 2002 en donde las riendas del ministerio serian pasadas a Lisa y a mí.

Ahora, para ser bien honesto, yo estaba preocupado de que no fuera bien recibido como pastor, pues rara vez había predicado, y mucha gente me veía como el ministro de alabanza. Mi suegro me aseguró que yo estaría predicando una vez al mes durante los próximos seis meses, y luego iba a ser el pastor principal. Nada más fue discutido o planificado ese día, pero no me importaba pues era ¡la misma cosa que Dios me había dicho en un autobús en Alemania y estaba a punto de convertirse en realidad! Yo no sabía esto en ese momento, pero mi esposa no creyó que su padre realmente se iba a mudar e iba a darme la iglesia, y no tenía mucha esperanza en eso. Cuando el día de la inducción llegó, inmediatamente después del servicio, sus padres se montaron en el auto, seguidos de un camión de mudanzas y dejaron las llaves de la iglesia en la oficina. Ella estaba totalmente asombrada, y comenzamos a vivir nuestro sueño de pastorear y dirigir lo que creíamos era un gran trabajo.

Comenzamos ese primer domingo en la noche con uno invitados especiales quienes se convertirían en nuestros amigos, Harry y Cheryl Salem. Ellos ministraron con pasión, y nos dijeron que sintieron el fuego que ardía en mí. Fueron muy alentadores. Lisa y yo comenzamos rápidamente con una visión que Dios me había dado para la iglesia de "Construir el Reino, Curar al Herido, y Tocar al Mundo". Algo que estábamos haciendo resonó en la gente y comenzamos a crecer y crecer. Mi estilo de liderazgo siempre ha sido el de delegar a las personas idóneas y darles directrices y no limitarles, para dar lugar a que la persona complete la tarea con su propia personalidad, talento y don.

Una de las cosas que le digo a la gente es que no quiero ser un micro-gerente, y si tengo que hacerlo, probablemente esa persona no estará mucho tiempo conmigo, porque yo no necesito algo más para hacer, pues ¡tengo suficiente con lo mío! Para los que no lo saben, el pastoreo puede ser el trabajo más difícil del mundo, debido a la gran responsabilidad por las innumerables vidas y familias que esperan recibir tanto, y algunas veces dan muy poco. No me quejo, es simplemente la naturaleza del llamado. Fue durante los cuatro años y medio de ser los pastores principales, que pudimos ver la bendición de Dios derramarse sobre nosotros, de manera más allá de nuestros sueños.

Mientras la iglesia crecía, colocamos un equipo de calidad como pastores de niños y de adoración y alabanza. Éramos conocidos en nuestra comunidad por nuestro programa de alcance y ayuda en la ciudad. No puedo describirles cuanto amo a mi gente, mi iglesia y el privilegio que tuve de ser su pastor. El mandato que Dios me dio de amar a la gente, estaba siendo realizado, y el fruto era más que evidente.

Algunos de los ejemplos de esa bendición eran los servicios de avivamiento con Tommie Zito, un avivador que vivía en nuestra ciudad en ese tiempo, y quien Dios usó para cambiar radicalmente nuestras vidas, con un fuego avivador y un evangelismo radical. En tres semanas nuestra iglesia vio, a través de evangelismo en las calles, más de tres mil tarjetas de decisión, milagros de salvación, re dedicaciones y sanidades. Mi hija, Brittney, y su ahora esposo, AJ, fueron algunos de los jóvenes que son el producto de ese mover de Dios, que cambio a aquellos que fueron tocados por el. Para ser bien honesto, la iglesia estaba operando maravillosamente. Nos dieron otro edificio para la iglesia en el área de Miami, y lo renovamos y nos asociamos con otro ministerio, para traer algunos de los más reconocidos pastores.

También construimos un templo histórico en el centro de la ciudad de Panamá, a un costo de $450,000.00, el cual fue pagado en su totalidad por la generosidad del pueblo de Dios en un corto tiempo. Parece ser que la gracia abundó generosamente. Yo pensaba que nada podría ir mal ya que la asistencia de los domingos creció a unos 1,200 miembros y el presupuesto se duplicó desde que comenzamos a pastorear la iglesia.

Durante esos años, tuvimos la bendición de contar con grandes músicos invitados como Israel y Mercy Me, así como también muy conocidos predicadores como Jesse Duplantis y Tudor Bismark. Para decirlo de otra forma, estábamos viviendo y experimentando en un FDD (Favor de Dios)!

Me fascina decir que yo siempre he vivido en el poder de la humildad, pero con tanto éxito en el ministerio comencé a creer que nada podría salir mal. Estaba viviendo mi sueño. No estoy muy seguro exactamente como sucedió, pero a lo mejor permití, que ese tallo del orgullo entrara de alguna forma a mi vida, porque todo lo que tuvimos y la bendición de ese crecimiento, se desapareció en menos de 24 horas. El decir que fue humillante para nosotros es un comentario que subestima lo que realmente vivimos. Este fue el punto más bajo de nuestras vidas, pero así como abrazamos el someternos, también creímos que Dios un día nos llevaría más alto y ¡Dios lo hizo!

Mientras continuábamos humillándonos, un nuevo sueño se estaba gestionado y formando, que era algo mucho más grande que solo una iglesia local exitosa. (No digo que hay algo malo con esto) El sueño y la visión era Salvar a las Naciones, el nombre de un nuevo ministerio, una visión expandida y un enfoque global e internacional como también local. Aunque la jornada no ha sido siempre fácil, el Señor nos ha usado para afectar las naciones. Algunas de las bendiciones incluyen el haber ayudado a financiar y apoyar una nueva iglesia en St. Petersburgo, Rusia, en donde innumerables almas han sido transformadas por el poder del Evangelio.

Nuestra mayor bendición hasta ahora ha sido la formación de nuestra primera Iglesia Internacional en Rio de Janeiro, Brasil. A través de nuestros hijos espirituales, Miguel y Lilianny Ferreira, quienes en solo seis servicio, vieron una iglesia crecer a más de 200 personas con su propio edificio y con documentos oficiales del gobierno.

Si alguna vez visitas a Rio, tienes que asistir a STN Brasil. Puede verlos en: Facebook.com/savethenationsbrasil.

La vida en el "Menguando para Crecer" es intencionalmente ir más abajo y esto eventualmente significa que también subirá más alto. No es solamente un principio, sino una garantía del Creador. Y cualquiera que se enaltezca será humillado y el que se humille será enaltecido. (Mateo 23:12 RVC).

Esta ha sido mi jornada en el "Menguando para Crecer", cuando viva la suya siempre recuerde someterte intencionalmente a Dios, no importa por lo que pase. No importa cómo fue su pasado o si los retos presentes le abruman, Dios le ha prometido que al final, todo obrará para bien suyo. Mientras viva en humildad ante Dios, puede descansar seguro de que lo más alto y mejor definitivamente vendrá.

¡Esto es el "Menguando para Crecer", como ir intencionalmente hacia abajo, le ayudará a ir más arriba!

Notas

1. http://www.merriam-webster.com/dictionary/humble
2. http://www.blueletterbible.org/lang/lexicon/lexicon.cfm?Strongs=H6031&t=kjv
3. http://www.thefreedictionary.com/apathy
4. http://www.thefreedictionary.com/atrophy
5. http://www.blueletterbible.org/lang/lexicon/lexicon.cfm?Strongs=H3966&t=kjv
6. http://www.goodreads.com/quotes/326903-this-is- thelegend-of-cassius-clay-the-most-beautiful
7. http://www.blueletterbible.org/lang/lexicon/lexicon.cfm?Strongs=G5013&t=nkjv
8. http://www.blueletterbible.org/lang/lexicon/lexicon.cfm?Strongs=G3813&t=kjv
9. http://www.blueletterbible.org/lang/lexicon/lexicon.cfm?Strongs=G4762&t=kjv
10. http://www.blueletterbible.org/lang/lexicon/lexicon.cfm?Strongs=H3384&t=KJV

11. http://www.blueletterbible.org/lang/lexicon/lexicon.cfm?Strongs=G2816&t=KJV
12. http://www.blueletterbible.org/lang/lexicon/lexicon.cfm?Strongs=G4239&t=KJV
13. http://www.merriam-webster.com/dictionar y/inheritance
14. http://www.merriam-webster.com/dictionary/prideful

Sobre El Autor

KENNETH, nació en Nueva York pero se mudó siendo un niño a la Florida, donde conoció a su esposa Lisa y donde nació su hija Brittney. Él es el fundador de Save the Nations (Salvando a las Naciones), una iglesia y organización de misiones con una visión: ver cada Familia, Ciudad y Nación adorando a Jesucristo. Actualmente ken y Lisa sirven como pastores de la iglesia del sur de la Florida. Ken fundó la iglesia Save the Nations con un puñado de personas comprometidas que se reunían en una casa, el 17 de septiembre 2006.

Aunque Dios habían puesto una visión en sus corazones de plantar iglesias, fue durante uno de los tiempos personales y económicos más difíciles, que Dios los llevó a lanzar la iglesia en el Sur de la Florida. Abandonando la lógica humana, su fe les obligó a invertir todo lo que tenían, en lo que ahora es una poderosa comunidad de fe. Cuatro semanas después pasaron el servicio dominical a una escuela llamada Western High School, donde se congregaron hasta diciembre del 2007, cuando Dios los bendijo con su actual local en Davie, Florida.

Biografía

El pastor Ken nació en la ciudad de Nueva York y se mudó a la Florida cuando tenía siete años de edad, donde no mucho tiempo después sus padres se divorciaron, lo que le dejó profundamente herido por muchos años. Durante ese tiempo, siendo Ken Judío iba a la escuela hebrea y al templo con regularidad. En el tiempo de su Bar-Mitzvah, muchos confirmaron un llamado como "rabino" o "cantor".

Fue poco después de esto que los abuelos de Ken conocieron al Señor en una reunión "Hombres de Negocios del Evangelio Completo". Con el impulso que venía de lo alto, el padre de Ken aceptó al Señor, así como su madre quien sirve ahora al Señor a tiempo completo en el Messianic Jewish Ministry (Ministerio judío mesiánico). Ken siendo movido por su padre ahora "nacido de nuevo", estaba abierto a escuchar el mensaje, que cambió la vida de él. En el verano del segundo año de Ken en "Nova High School" (Escuela secundaria de Nova) en Davie Florida, Ken conoció a Jesús quien cambió radicalmente su vida también.

Después de una conversión radical, ken comenzó a asistir a la Iglesia donde, en el grupo de jóvenes se conoció con su "compañera de su vida" Lisa.

Ken ha sido fiel al Señor desde entonces. Se ha desempeñado en el ministerio de Niños, Jóvenes, Alabanza, así como en las funciones de Pastor Asociado y Pastor Principal por más de veinte años. El pastor Ken tiene una licenciatura en Teología de 'International Seminary" (Seminario Internacional) y su Maestría de Liberty

University (Universidad la Libertad). Él es también un consumado cantante y compositor, quien ha escrito más de 100 canciones. Pastor Ken tiene un corazón para llegar y motivar a las personas con la Palabra de Dios. Como Fundador y pastor principal de Save the Nations, él desea inspirar, instruir, capacitar y enviar personas en el destino que Dios tiene para ellos. El pastor Ken es un comunicador de la Palabra con los pies en la tierra, quien dice la verdad sin vergüenza y habla las verdades del reino con la revelación y relevancia. Recientemente la iglesia Save the Nations en Río de Janeiro, Brasil, ha iniciado como el primer campus internacional. Aquellos que lo conocen saben que ken es muy humilde y tiene un corazón extremadamente generoso para ayudar a desarrollar, y liberar recursos y personas, en su llamado dado por Dios. Los pastores Ken y su esposa Lisa han estado casados desde 1982 y tienen una hija, Brittney que se graduó de Southeastern University (Universidad del Sureste) y ha estado involucrada en el ministerio de alabanza.

El pastor Ken escribió su primer libro "You Where Born For Greatness" (Nacido para Grandes cosas), que puede ser ordenado en Amazon.com. Kenneth y Lisa Albin están disponibles para hablar con líderes, iglesias, templos, organizaciones cívicas, organizaciones Para-eclesiásticas, empresas y en eventos en los medios, para ayudarles a crecer en la verdad que se encuentra en el libro "Upside of Down" "Menguando para Crecer".

Ellos son dos conferencistas dinámicos y potentes y desean que la gente pueda experimentar el poder y la presencia de Dios. Usted los puede contactarlos en Hitthemarktorah.tv o Savethenations.com El primer libro de Ken está disponible en Amazon.com

LIBROS DE KENNETH S. ALBIN

ERES NACIDO PARA LO EXTRAORDINARIO

Al margen de la caída

EL MISTERIO DE LA CORONA

HACKED: EL HEBREO CRISTIANO

La bendición de la pascua

NO MAS HOY

DAR EN EL BLANCO

Bendiciones ocultas

TABERNÁCULOS ES UNA CELEBRACIÓN Y NO SÓLO UNA OPCIÓN!

TABERNACLES

IT'S A CELEBRATION &
NOT JUST AN OPTION!

How Christians can
celebrate this Biblical Feast
and the True Birthday of Messiah

BY KENNETH S. ALBIN

No More Leaven!

The Blessings
Christians Receive By
Celebrating The Feast
Of Unleavened Bread

By Kenneth S. Albin

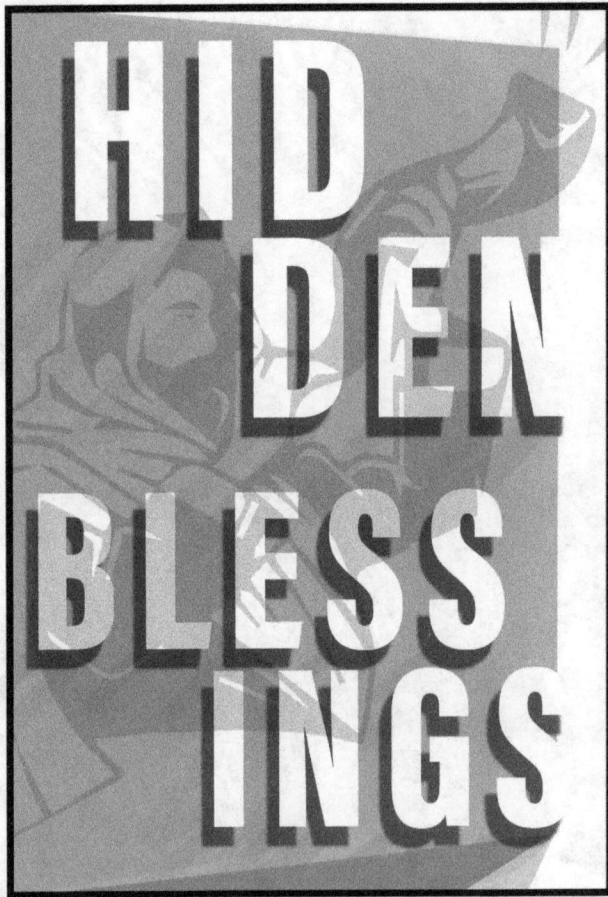

HID DEN BLESS INGS

REVEALED

A Christian Understanding for Celebrating
the Biblical Holidays of Rosh Hashanah and Yom Kippur

BY KENNETH S. ALBIN

THE MYSTERY

OF THE CROWN

"WHY CHRIST HAD TO RECEIVE IT &
HOW ITS SECRETS CAN CHANGE YOUR WORLD."

FOREWORD BY TED SHUTTLESWORTH

KENNETH STEVEN ALBIN

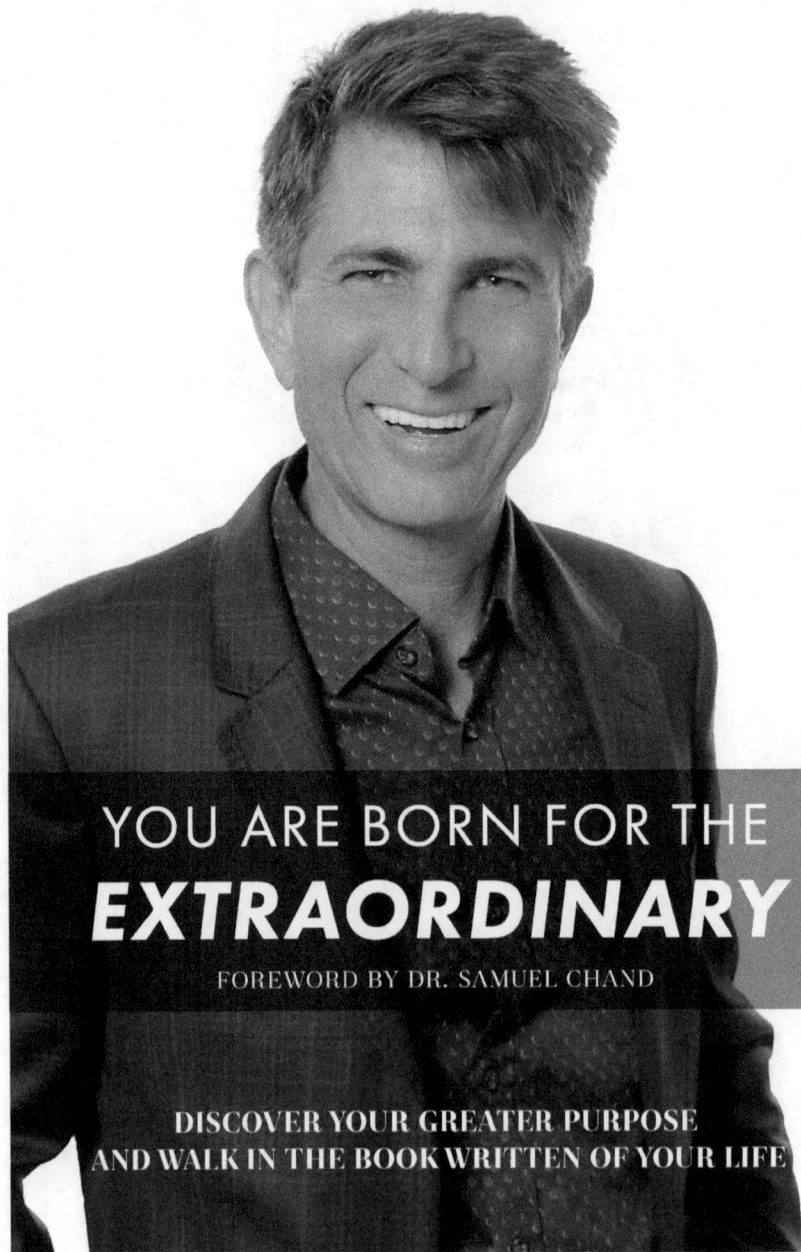

YOU ARE BORN FOR THE
EXTRAORDINARY

FOREWORD BY DR. SAMUEL CHAND

DISCOVER YOUR GREATER PURPOSE
AND WALK IN THE BOOK WRITTEN OF YOUR LIFE

HACKED
ז
פריצה
ה
ו
ת
RESTORING
STOLEN IDENTITY
AND EMBRACING THE
INHERITED BLESSING
THE HEBREW
CHRISTIAN

HIT THE MARK

HOW CHRISTIANS CAN WALK IN THE MYSTERIES OF THE TORAH

AND RECEIVE ALL ITS BLESSINGS

HEALTH

ABUNDANT LIFE

PURPOSE-HAPPINESS-PEACE

KENNETH S. ALBIN

Christians

GET TO CELEBRATE

Passover

TOO!

Learning its Secrets, Power
and Abundant Blessings

KENNETH S. ALBIN

www.ingramcontent.com/pod-product-compliance
Lightning Source LLC
LaVergne TN
LVHW051229080426
835513LV00016B/1488